苏共执政时期的
意识形态工作机制研究

袁新华 著

A Study on the Ideological Mechanism
in the Soviet Union

上海社会科学院出版社
SHANGHAI ACADEMY OF SOCIAL SCIENCES PRESS

目 录

导 言 ……………………………………………………………… 1

第一章 苏共意识形态的基本构成和主要特征 …………………… 21

第一节 苏共意识形态的基本构成 ………………………………… 21
一、马克思主义 ………………………………………………… 21
二、列宁主义 …………………………………………………… 23
三、斯大林主义 ………………………………………………… 29

第二节 苏共意识形态的主要特征 ………………………………… 34
一、具有终极性质的思想体系 ………………………………… 34
二、教条主义色彩浓厚 ………………………………………… 36
三、追求"纯而又纯"的价值体系 …………………………… 37
四、带有二元论色彩的思维方式 ……………………………… 39

第二章 苏共意识形态工作机制及其特点 ………………………… 41

第一节 高度集权的意识形态领导体制及管理机构 ……………… 41
第二节 意识形态工作机制——管控途径 ………………………… 43
一、严厉的书报检查制度 ……………………………………… 44
二、通过学科批判确立官方思想理论范式 …………………… 48
三、用"教科书"统一思想 …………………………………… 51

第三节　意识形态工作机制的运行特点 …………………… 52
　　一、开展"造神"运动 ………………………………………… 53
　　二、追求意识形态的"纯而又纯" ………………………… 54
　　三、运用意识形态批判 ……………………………………… 57
　　四、意识形态渗透生活 ……………………………………… 59

第三章　苏共意识形态及其工作机制的功能 …………………… 62
　第一节　意识形态的教化功能 …………………………………… 62
　第二节　意识形态的控制功能
　　　　　——干预和控制民众精神生活 ………………………… 66
　　一、主要手段：思想控制 …………………………………… 66
　　二、思想控制：介入意识行业 ……………………………… 68
　第三节　制造同质化的社会 ……………………………………… 73
　　一、苏联高度同质化的社会形态 …………………………… 73
　　二、苏联同质化社会形成的结果 …………………………… 76

第四章　苏共意识形态工作机制造成的后果
　　　　——苏联社会与国家的对立和冲突 …………………… 80
　第一节　社会同质化表象下的社会分化 ………………………… 80
　　一、官僚特权阶层 …………………………………………… 81
　　二、"持不同政见者"运动 …………………………………… 86
　第二节　否认社会分化与现实政治的张力 ……………………… 88
　　一、否认社会分化的做法 …………………………………… 89
　　二、造成现实政治的扭曲 …………………………………… 91
　第三节　否认社会分化造成的严重后果
　　　　　——"小社会"对"大国家"的反抗 ………………… 92
　　一、民众的政治冷漠 ………………………………………… 93

二、民众对政府的不信任 …………………………………………… 94

第五章　苏共意识形态及其工作机制从高效走向崩溃……………… 104
　　第一节　意识形态教条化和僵化 ………………………………… 104
　　第二节　领导人垄断意识形态 …………………………………… 106
　　第三节　意识形态逐步丧失教化功能和社会整合功能 ………… 107
　　第四节　思想教育工作失策和青年一代理想信念失落 ………… 107
　　第五节　高层不相信甚至放弃马克思列宁主义意识形态 ……… 110
　　第六节　意识形态后期走向自由化 ……………………………… 112
　　第七节　弱化直至让出意识形态领导权和管理权 ……………… 113

结　语　对我国意识形态建设工作的启示 …………………………… 115
附　录 ……………………………………………………………………… 138
参考文献 ………………………………………………………………… 179
后　记 ……………………………………………………………………… 188

导　言

"以史为鉴可以知兴替。"苏联虽已不复存在,但由于苏联是世界上第一个社会主义国家,它的很多做法通常又被看作是一种"模式",并为后来的社会主义国家所学习和模仿,甚至照搬和复制,[①]因而苏联的问题不仅是苏联一个国家、一个政权的问题,而是社会主义国家带有的普遍性问题,所以,即使是在苏联解体 30 多年后的今天,研究对于苏共执政合法性具有支撑作用的意识形态的工作机制问题,仍具有十分重要的理论和现实意义。

一、马克思主义意识形态对苏共执政具有极端重要性

意识形态(英文 Ideology,也写作"意识型态")是指一种观念的集合。意识形态这一概念并非马克思首先使用。孔迪亚克的学生特拉西(Destutt de Tracy)创制了"意识形态"这一概念,试图为一切观念的产生提供一个真正科学的哲学基础。拿破仑称帝之际,发现欧陆的哲学家多数对他有所批评,高傲的拿破仑遂以"意识形态家"轻蔑地称呼他们,之后在言语的使用上,"意识形态"偶尔会表现出负面的意涵。在广义的意识形态概念的系谱上,其可追溯至柏拉图《理想国》中的"高贵谎言"(the noble lie)的思想。

[①] 安德烈·纪德曾指出:苏联"不仅是一个选取的祖国,还是一个向导,一个榜样"。([法]安德烈·纪德:《从苏联归来》,辽宁教育出版社 1999 年版,第 16 页)雅诺什·科尔奈也曾指出:"夺取政权的共产党人在漫长的革命斗争中一直把苏联当作人类进步的楷模。他们真诚地相信,越是更精确地复制苏联模式,他们就能够更快地进入自己所热切盼望的社会主义社会。"([匈]雅诺什·科尔奈:《社会主义体制——共产主义政治经济学》,中央编译出版社 2007 年版,第 356 页)

意识形态可以被理解为一种具有理解性的想象、一种观看事物的方法(比如世界观),存在于共识与一些哲学趋势中,在马克思主义视阈下,意识形态是指由社会中的统治阶级对所有社会成员提出的一组观念。意识形态是与一定社会的经济和政治直接相联系的观念、观点、概念的总和,包括政治法律思想、道德、文学艺术、宗教(神秘特殊的意识形态)、哲学和其他社会科学等意识形式。就内容而言,意识形态是社会的经济基础和政治制度以及人与人的经济关系和政治关系的反映。意识形态的各种形式起源于以生产劳动为基础的社会物质生活,并随着经济基础的变化而变化,政治思想、法律思想、道德、艺术、宗教、哲学和其他社会科学等,各以特殊的方式,从不同侧面反映现实的社会生活。它们相互联系、相互制约,构成意识形态的有机整体。

意识形态按其阶级内容和它所反映的社会经济形态即生产关系可分为奴隶主意识形态、封建主意识形态、资产阶级意识形态、无产阶级意识形态。

每个社会的统治阶级的意识形态,都是占社会统治地位的意识形态,它集中反映该社会的经济基础,表现出该社会的思想特征。每个社会的意识形态都是复杂的,往往存在三种不同的体系:(1)反映该社会占统治地位的经济制度和政治制度并为其服务的占统治地位的意识形态;(2)反映已被消灭的旧经济制度和政治制度的意识形态残余;(3)反映现存社会里孕育着的新社会因素并为建立新的经济制度和政治制度服务的新的意识形态。意识形态具有现实性、总体性、阶级性、相对独立性和依赖性五大特征。

作为意识形态理论的奠基人,马克思提出"经济基础—上层建筑"社会模型。经济基础指社会的生产方式,上层建筑在经济基础之上形成,并组成该社会的意识形态,如它的法律体系、政治体系和宗教。对马克思来说,经济基础决定上层建筑,因为统治阶级控制着社会的生产关系,社会的上层建筑便取决于什么对统治阶级最为有利。因此一个社会的意识形态便有巨大的重要性。[①]

马克思本人在其著作中很少使用意识形态这一术语,也从未对其下过一个

---

① 而马克思主义的批评者认为,马克思赋予经济因素对于社会的影响以太大的重要性——笔者。

明确的定义。马克思和恩格斯在《德意志意识形态》中第一次述及"意识形态"概念,而且也是马克思和恩格斯唯一一次"系统地、单独地来充分论述意识形态问题"(也是在该书中)。① 当前国内外相当一些学者把马克思的意识形态术语固化为一种否定性概念,②笔者以为,尽管马克思否定资产阶级意识形态,但是马克思并未否定意识形态概念。有部分马克思主义研究者主张,在《德意志意识形态》中,马克思并未完全彻底地主张一种拿破仑式的否定性意识形态概念;相反,他以一种潜在的方式复兴了由特拉西创立的作为观念科学的意识形态传统。对此,大卫·布雷布洛克说:"马克思不同于拿破仑而与意识形态家一样,是神秘化倾向的坚定的敌人,在他的意识形态理论的中心,复兴了一个同情意识形态家的主题。"③

据此,有学者提出,《德意志意识形态》中的马克思意识形态概念的含义具有丰富性、多维性。其中,除了通常人们认可的作为哲学批判的否定性意识形态概念外,马克思和恩格斯还表述了作为观念科学的以及观念性上层建筑的中性的,或肯定性的意识形态概念。可以说,正是由于其意识形态概念含义的丰富性与多维性,才使马克思之后的各式各样的马克思主义意识形态理论形式及其演进路径成为可能。④

在意识形态概念的演变中,列宁把有关意识形态概念的否定含义变成了肯定意义上的概念。列宁实现意识形态概念的含义由否定到肯定的转变,同以下

---

① 吴胜锋:《马克思意识形态概念辨析——基于〈德意志意识形态〉文本的解读》,《马克思主义研究》2016年第6期。
② 大多数西方马克思主义研究者主张,马克思继承和使用的是拿破仑改造过的、否定性的意识形态概念,在马克思的著作中,已经完全抛弃和拒斥作为观念科学的意识形态概念。例如,西方马克思主义者乔治·拉雷恩说:"不要忘了,马克思、恩格斯的著述中大部分篇幅都支持的是一种批判性的意识形态概念,而且终其一生,他们都保持这样一种意识形态观,这是他们的后继者们无法挑战和改变的。"在国内,例如苏联问题专家周尚文教授认为,马克思通常从否定的意义、有时也从中性的意义上使用意识形态这一概念。马克思赋予意识形态概念以否定性质,他对过去时代的、资产阶级的意识形态一向持严厉的批判立场。马克思始终认为自己的学说是科学,但他并没有把自己的哲学、经济学和科学社会主义理论在肯定意义上称为意识形态。参见周尚文等:《苏共执政模式研究》,上海人民出版社2010年版,第199页。
③ 转引自吴胜锋:《马克思意识形态概念辨析——基于〈德意志意识形态〉文本的解读》,《马克思主义研究》2016年第6期。
④ 吴胜锋:《马克思意识形态概念辨析——基于〈德意志意识形态〉文本的解读》,《马克思主义研究》2016年第6期。

几种情况有关：

首先，列宁从事革命活动的时代与马克思不同。马克思在他那个时代侧重点是批判资产阶级意识形态；而列宁不仅这样做，还要以马克思的理论为指导，大力宣传科学社会主义的思想体系。因此列宁把意识形态概念的外延加以扩大，认为马克思主义也是一种意识形态，这样就自然要赋予意识形态概念以一种正面的含义，并且将马克思主义看作一种"科学的意识形态"。

其次，列宁在登上政治历史舞台不久的 20 世纪初，面临同俄国工人运动中经济派的斗争。这个派别崇拜工人阶级的自发性，用"工联主义"腐蚀工人阶级队伍。这就需要针锋相对地用马克思主义去启发工人阶级的"自觉意识"，引导工人阶级走向政治斗争。所以，列宁批判"对自发性的崇拜"，主张"从外面"向工人阶级"灌输""社会民主主义的意识"。他赞同考茨基的意见，认为社会主义学说"是由有产阶级的有教养的人即知识分子创造的哲学理论、历史理论和经济理论中发展起来的"，它"完全不依赖于工人阶级的自发增长而产生"；而各国历史均证明，工人阶级单靠自己本身的力量只能形成工联主义的意识，产生不了社会主义的意识，[①]所以"这种意识只能从外面灌输进去"。正是这种实际斗争的需要使列宁看到理论斗争的重要性，所以他同恩格斯一样，把理论斗争同政治斗争、经济斗争并称为"社会民主主义运动伟大斗争"的"三种形式"，并进一步提出名言："没有革命的理论，就不会有革命的运动"。[②]

再次，列宁在理论上肯定意识形态的作用也与俄国革命面临的独特历史条件有关。俄国同欧美资本主义国家相比，是一个经济文化落后的国家，在这里进行无产阶级革命，面临着同欧美完全不同的条件。第二国际的理论家强调经济力量对社会发展、对革命条件的决定作用；而俄国当时虽然不具备无产阶级革命较为成熟的物质条件，但是却存在有利于革命的国内外条件，所以列宁强调革命

[①] 《列宁选集》第 1 卷，人民出版社 1995 年版，第 317 页。
[②] 《列宁选集》第 1 卷，人民出版社 1995 年版，第 311 页。

家的"决心和毅力",反对"从理论(一切书呆子的理论)所规定的那一端开始",主张颠倒次序,利用有利于革命的国内外条件先行夺取政权,再利用权力的杠杆取得革命所需要的物质基础。① 这种革命的特殊条件,使列宁需要在理论上强调人的能动性,以意识形态的能动功能引导无产阶级革命走向胜利。毫无疑问,这是一种非常规的社会制度的演进。而这种非常规的社会制度的演进本身给了苏共政权一个特殊的合法性资源,这就是共产主义意识形态。共产主义意识形态为人们描绘了一幅强调实质性平等的理想图画,从而也为共产主义意识形态下的政权提供了"来日合法性(forward legitimacy)"。② 以列宁为代表的俄共(布)正是在这一意识形态的旗帜下夺取政权,并开始自己的社会主义实践的。③

最后,俄共(布)在十月革命胜利后掌握了政权,成为世界上第一个社会主义国家的执政党。由于在俄国建设社会主义,既有经济文化落后的"先天不足",也有共产党完全缺乏执政经验的实际困难,加上苏维埃政权初期敌对势力猖獗,形势十分严峻,因此,列宁只得依靠无产阶级党的组织力量和意识形态来维持和巩固俄共(布)的执政地位。

由于意识形态本身具有教化功能,能够为政权提供意识形态合法性支持,苏共也不例外。苏共的意识形态,即为马克思主义意识形态。与其他社会政治制度下的政权相比,苏共执政合法性的获得和维持对意识形态的依赖程度更为强烈。列宁不但在理论上充分肯定意识形态的功能,强调意识形态在推进无产阶级事业中的能动作用,而且在取得政权以后,列宁更加关注意识形态在巩固政权、维护执政合法性方面的巨大功能。正是这个原因,列宁比他以前的马克思主义者都更加大力倡导党的思想理论和宣传教育工作,也比他以前所有的马克思主义者都更重视意识形态工作。列宁以后的每一任苏共领导人,无不把意识形

---

① 《列宁全集》第43卷,人民出版社1987年版,第368页。
　[法]莫里斯·迪韦尔热:《政治社会学》,华夏出版社1987年版,第296页。
② "来日合法性"是指统治者在未来可以给社会带来什么。参见[美]S.P.亨廷顿:《第三波——20世纪后期民主化浪潮》,上海三联书店1998年版,第177页。
③ 郝宇青:《苏联政治生活中的非制度化现象研究》,《华东师范大学博士论文》2003年5月1日。

态当作执政的头等大事。苏联晚期著名的持不同政见者若列斯·麦德维杰夫指出,苏联简直就是意识形态在实行着统治:布尔什维克建立的政权,"不是建筑在宗教、经济或君主制度的基础上,而是建筑在社会主义的政治思想原则上"。① 由此可见,马克思主义意识形态对苏共执政的极端重要性。

意识形态的这种选择对苏联整个国家的发展具有不可低估的影响。既然苏共政权缘于马克思主义意识形态,那么其政权合法性的确立不可避免地要借重于马克思主义意识形态,否则苏共政权就很难获得人们的认同,也难以得到巩固和持久。因此从这一角度而言,布尔什维克从执政的第一天起,就十分重视和依靠意识形态的强大教化功能。正是由于对马克思主义意识形态的强烈依赖,因而也使得马克思主义意识形态具有了"刚性"②特征,使得它和苏共政权"串联"③在了一起。

二、确立马克思主义意识形态指导地位,国家和社会意识形态化

科学社会主义作为一种意识形态,产生于 19 世纪中叶,而它作为一种社会制度的实践,按照马克思主义经典作家的设想,通常只能在资本主义已有相当发展的国家开始。共产主义之所以能够代替资本主义,成为比资本主义更高级的社会形态,因为它是以资本主义社会所能达到的顶点为起点的。然而,历史的实际演进是,社会主义作为一种制度却首先在经济文化落后的俄国建立了起来。④ 列宁对此指出:在世界帝国主义战争造成的"毫无出路"的情况下,俄国甚至不具备物质前提而不得不走上了社会主义革命的道路。⑤

可见,苏共所推动的是一种非常规的社会演进,对此法国政治社会学家莫里

---

① [苏]若列斯·麦德维杰夫:《并非军备竞赛毁灭了苏联》,《当代世界社会主义问题》1999年第1期。
② 所谓意识形态的刚性,罗伯特·达尔认为,它是这样一种情形:当一种意识形态成为正统的统治思想,这时的统治者就成了意识形态的囚徒,当他欲改变意识形态时,将导致统治合法性的丧失,所以,他将不得不为意识形态的纯洁性而战,尽管这样会面临意识形态僵化的危险。参见[美]罗伯特·A. 达尔:《现代政治分析》,上海译文出版社1987年版,第80页。
③ 这里的"串联"是物理学意义上的概念和含义——笔者。
④ 郝宇青:《苏联政治生活中的非制度化现象研究》,华东师范大学出版社2008年版,第138—139页。
⑤ 《列宁选集》第4卷,人民出版社1995年版,第691页。

斯·迪韦尔热把它概括为如下公式：I→P→E→C(其中 I 代表意识形态，P 代表政治机构，E 代表生产技术，C 代表由 E 产生的社会分层化)。① 这一公式表明，俄共(布)是在马克思主义经典作家所设想的条件并不充分具备的情况下进行革命的，是举着马克思主义意识形态的旗帜在一个经济文化比较落后的国家里夺取政权的，这样，随后建立起来的新政权自然也就要继续借助于马克思主义意识形态，马克思主义意识形态即成为指导政权的建构和运作、模塑人们世界观、价值观、人生观的国家意识形态。

可以说，马克思主义意识形态在苏共开始执政时就发挥了重要的维护执政合法性的功能，并成为其执政初期重要的合法性基础。然而，尽管马克思主义意识形态是一种科学的世界观，但它也并不因此就自动为当时的俄国广大民众所接受。它要真正为人们所认同和接受，成为人们认识世界、改造世界的工具，还需要一定的条件。② 必须承认，马克思主义意识形态在当时的俄国发挥了强大的动员作用，并逐渐为广大民众所接受，主要有如下两方面原因：

一是俄国在革命前经济文化十分落后。被马克思称为严肃的观察家、勇敢的劳动者、公正的评论家和杰出的艺术家的恩·弗列罗夫斯基，在 1869 年出版了《俄国工人阶级状况》一书。在书中，他对西伯利亚的城市以极其凝重的笔调描述道："鄂毕河上的苏尔古特与纳雷姆，这些城市可以与俄罗斯的贫困的乡村相比较。两三个商人和商业经纪人，几个官方人员，一个牧师和几家住户——这就是在那里能够看到超出贫困限度的一切。沿着伊尔库茨克大道遇到所有可怜的城市，其中最宏伟的建筑物就是监狱。"③ 斯托雷平改革的八年(1907—1914)常被称作沙俄经济史上的"黄金时代"，但是这场改革事实上却演变成了一场有权势的私有者对"无权的或半无权的私有者——农民"的掠夺。沙皇政府财政大臣 С. Ю. 维特对斯托雷平改革这样描述道："结果是骚乱四起，农民中无疑产生了千千万万的无产者。"④ 俄国经济文化的落后和民众生存状况的恶化，自然也

---

① [法]莫里斯·迪韦尔热：《政治社会学》，华夏出版社 1987 年版，第 296 页。
② 郝宇青：《论苏共的意识形态合法性》，《社会科学研究》2005 年第 4 期。
③ [俄]恩·弗列罗夫斯基：《俄国工人阶级状况》，商务印书馆 1984 年版，第 76 页。
④ [俄]С. Ю. 维特：《俄国末代沙皇尼古拉二世》第 2 卷，新华出版社 1983 年版，第 288—289 页。

就使得民众以极其朴素的情感,自觉与不自觉地认同和接受那描绘了一幅强调实质性平等的美丽图画的共产主义意识形态。① 这种情况可以说是,共产主义意识形态为苏共执政提供了"来日合法性(forward Legitimacy)"。②

二是在沙皇专制统治下,广大民众处于受压迫、受奴役的地位。革命前的俄国,经济上的落后使得民众生活在水深火热之中;政治上的专制使得民众无法接近政治机构,这两者交互作用,成为民众缺乏宽容和妥协意识,易于接受带有激进色彩的、追求实质性平等的、表达终极价值与关怀的、能够迅速地对社会问题提出答案的思想观念的基础性原因,③而作为苏共指导思想的马克思主义意识形态恰好提供了这样的价值坐标,它也因此而易于为广大民众认同和接受。④

由于马克思主义意识形态为苏共执政提供了合法性依据,并成为其执政合法性的重要基础,因此,历届苏共领导人为了维护社会主义制度及其政权,莫不致力于意识形态建设。

在意识形态建设方面,列宁比其他领导人倾注了更大的精力和努力,最为突出的表现就是他提出了"文化革命"思想。在列宁看来,文化革命是社会主义革命的重要组成部分,无产阶级革命创造了提高人民群众文化水平的一切条件,即"工农政权和苏维埃制度"成为"文化革命"的必要前提。⑤ 列宁十分重视"文化革命"对俄国的深远意义,在他生命最后时刻口授的《日记摘录》《论合作社》《宁肯少些,但要好些》等文章中,他语重心长地告诫党内同志:要在苏联全力开展文化革命,加强社会主义建设和国家文化发展的联系。列宁为"文化革命"提出了"两个划时代的任务":第一个是改造国家机关,第二个是"在农民中进行文化工作"。⑥ 事实上,列宁所强调的"文化革命",究其实质,就是要创造出社会主义新文化,培养和造就拥护社会主义新文化的、具有共产主义道德的"苏维埃公

---

① 郝宇青、倪稼民:《论苏共执政合法性资源的再生产》,《俄罗斯中亚东欧研究》2006年第3期。
② "来日合法性"是指统治者在未来可以给社会带来什么。参见[美]S. P. 亨廷顿:《第三波——20世纪后期民主化浪潮》,上海三联书店1998年版,第177页。
③ 参见[美]S. M. 李普塞特:《政治人——政治的社会基础》,上海人民出版社1997年版,第77页。
④ 郝宇青:《论苏共的意识形态合法性》,《社会科学研究》2005年第4期。
⑤ 《列宁全集》第43卷,人民出版社1987年版,第371—372页。
⑥ 郝宇青:《论苏共的意识形态合法性》,《社会科学研究》2005年第4期。

民"。因此,列宁在一些著作中明确反对国民教育中的"无党性"和"不问政治"的倾向。他在1918年8月召开的全俄教育工作第一次代表大会上指出:"我们办学的事业同样也是一种推翻资产阶级的斗争。我们公开声明,所谓学校可以脱离生活,可以脱离政治,这是撒谎骗人。"①在列宁的指导下,1919年召开的党的八大所通过的党纲中也指出:"在国民教育方面,俄国共产党给自己提出的任务是:把1917年十月革命时开始的事业进行到底,把学校由资产阶级的阶级统治工具变为完全消灭社会阶级划分的工具,进行社会的共产主义改造的工具。"这就是说,学校应当成为向劳动居民传播共产主义原则和无产阶级思想影响的工具,"以便培养能够最终建成共产主义的一代"。② 尽管建设社会主义新文化的任务,由于社会、经济秩序的坍塌以及受到外国支持的内部势力对新政权的抵制而变得极其困难,但是,在一定程度上说,还是取得了巨大的成功。在苏维埃政权建立初期,共产主义意识形态的确产生了强大的社会动员力量,它激发着民众"要为美好理想的'每一寸土地'而战斗"的热情。英国学者莫舍·卢因指出:"在这'红色'阵营中,不消说许多人都生活在一种英雄主义和热情洋溢的气氛中,而之所以能保持这种气氛,纯粹是由于他们真诚地相信已经建立了较高级的社会制度,也由于党内和支持党的群众中盛行着平均主义情绪而不可否认地提高了士气所致。"③反映苏维埃政权初期的文学作品,如《铁流》《静静的顿河》《钢铁是怎样炼成的》等小说中都有这方面的描写。④

马克思主义意识形态具有深刻的革命批判精神。马克思主张"对现存的一切进行无情的批判",而他毕生为之奋斗的目标就是推翻资本主义社会,消灭人剥削人的奴役制度,最终实现共产主义的大同世界。正是基于这一目标,马克思首先从事的是"理论的批判",用来揭露资产阶级思想对现实的歪曲和掩盖,批判

---

① 《列宁全集》第35卷,人民出版社1985年版,第77页。
② 《苏联共产党代表大会、代表会议和中央全会决议汇编》第1分册,人民出版社1964年版,第538、539页;另可参见《列宁全集》第36卷,人民出版社1985年版,第106页。
③ [英]莫舍·卢因:《苏联经济论战中的整治潜流——从布哈林到现代改革派》,中国对外翻译出版公司1983年版,第71页。
④ 周尚文等:《苏共执政模式研究》,上海人民出版社2010年版,第199页。

对资本主义的粉饰和美化。

一方面,马克思主义的这种革命批判精神被列宁所继承;另一方面,列宁也从俄国革命民粹主义的批判精神中汲取了思想营养。所以列宁主义也充满着战斗的激情和批判精神,在他同资产阶级意识形态作斗争的高潮时写成的《论战斗唯物主义的意义》(1922)一文集中体现了这种精神。此外,鉴于在俄国这样经济文化落后的国家社会主义运动中存在的突出问题,列宁十分强调意识形态的能动作用和灌输功能。早在1902年所著《怎么办?》一书中,他就提出"没有革命的理论,就不会有革命的运动"的著名论断。因此革命胜利后,列宁首先就同各种反苏维埃思潮和资产阶级思想在文化思想领域展开了严肃的批判和斗争。

几乎在举行十月起义的同时,革命军事委员会就封闭了所有不利于新政权的报刊。在国内战争年代里,"大炮轰鸣,诗神沉默"。在战场上用火炮和肉搏较量胜负的日子里,思想文化领域两条阵线的斗争自然就降到次要的地位。[①] 但战争一经结束,进入新经济政策的和平建设年代,这个领域里的斗争就显现了出来。首先是过去年代曾经存在过的各种学术团体和社会文化组织,作为资产阶级学者和文化人聚集的场所和活动中心,开始活跃起来。加上1921年年底苏维埃政府《关于私人出版社》的决议使私人出版社蜂拥而起。接着,允许私人承租和经营影剧院的政策,也使追求票房价值的经营者大为活跃。这些情况都造成了资产阶级思想和反苏维埃思潮的活跃。

一些没有逃往国外的旧政治势力,虽遭受国内战争的失败,但是他们一如既往妄想恢复昔日的天堂。"国内侨民"集团利用苏维埃政权初期的困难局面,攻击和丑化苏维埃制度。例如,有人借离婚率上升攻击和丑化苏维埃政权。由于局势险恶,或受敌对势力的蛊惑,或受自身世界观的局限,一些高层次的学界精英对党和苏维埃政权的政策不理解,采取不合作、消极怠工甚至敌视的态度。列宁敏锐地洞察到这股反苏维埃的资产阶级思潮影响巨大,危害严重,遂对"国内侨民"集团进行了极为尖锐的批判和无情的斗争。列宁认为,必须同这类"有学

[①] 周尚文:《意识形态堤坝的崩溃与苏联解体》,《华东师范大学学报(哲学社会科学版)》2009年第2期。

位的当代农奴主"作斗争。①他说:"俄国工人阶级有本领夺得政权,但是还没有学会利用这个政权,否则它早就把这类教员和学术团体的成员客客气气地送到资产阶级'民主'国家里去了。那里才是这类农奴主最适合的地方。"②经过几个月的准备,1922年秋,苏维埃政府果然动用行政手段,将161位包括皮·亚·索罗金、尼·别尔嘉耶夫、莫斯科大学和彼得格勒大学的校长、教授等当时俄罗斯最顶尖级学者、文化人和新闻记者集中在一艘船上,驱逐到了德国,史称这是一艘"哲学家之船"。有学者提出,苏维埃政权初期,在文化力量对比方面无产阶级明显处于弱势地位,一时又难以改变这些学者的立场,将这批"坚持资产阶级立场"的人驱逐出境,从一定意义上说,也是一种无奈之举。③(实证材料参见附录)

当时还出现了一个"路标转换派",所谓"路标转换",即主张放弃用暴力推翻苏维埃政权,转而同现政权合作,从而用和平的方式演变布尔什维克政权。列宁和布尔什维克主张对"路标转换派"区别对待。一方面,指出"路标转换派"的本质是资产阶级,"路标转换派反映了成千上万的各式各样资产者或者参加我们新经济政策工作的苏维埃职员的情绪。这是一个主要的真正的危险";④另一方面,也看到"路标转换派"纲领中有和苏维埃政权合作的积极内容,认为"路标转换派"的出现是由于反苏维埃阵营的严重分化,从而正确发挥"路标转换派"中左派的作用对于分化敌人、团结同苏维埃政权"和解"的侨民和广大知识分子十分重要,因此,列宁认为这个派别"在此以前曾起了而且还可能起客观的进步作用"。为此,布尔什维克同时从两方面着手,一方面在思想上批判这一思潮,另一方面把这一派别的主要代表人物(主要是左派)吸收到苏维埃机关中。这一政策一举两得:既能团结、争取广大知识分子,又能分化、瓦解反苏维埃派别。

列宁和布尔什维克党一方面在同资产阶级思想与反苏维埃思潮作斗争,另

---

① 周尚文等:《苏共执政模式研究》,上海人民出版社2010年版,第200页。
② 《列宁全集》第43卷,人民出版社1987年版,第32页。
③ 周尚文:《意识形态堤坝的崩溃与苏联解体》,《华东师范大学学报(哲学社会科学版)》2009年第2期。
④ 《列宁全集》第43卷,人民出版社1987年版,第93页。

一方面在党内也遇到了来自各种反对派和极左文化思潮的干扰。十月革命胜利初期,苏维埃国家在政治、外交、经济、军事和文化各个领域都面临着极为复杂的局面。党在确定这些方面的方针政策时,每前进一步都遇到严重的内部分歧。在文化建设过程中,先后遇到了"无产阶级文化派"等极左派别,他们主张文化关门主义和历史虚无主义。对于党内这些反对派,列宁以其民主的作风对待,主张用同志式的态度进行耐心说服;有时双方争论非常激烈,有些人甚至要挟集体辞职,在这种情况下列宁仍然坚持说服、挽留,团结不同意见的同志一块工作。

尽管环境艰难,列宁和布尔什维克仍十分重视意识形态工作。特别注重用共产主义思想教育人民尤其是青年一代,同时与各种反苏维埃的资产阶级思潮展开针锋相对的斗争。将马克思主义的立场和方法贯穿于国内战争、战胜饥荒、恢复经济、开展经济和文化建设及党的建设等各个方面的决策和指导。"文化革命"在列宁晚年被提到重要议事日程上。上述做法表明,列宁时期的苏俄已经基本确立了马克思主义意识形态的主导地位,马克思主义意识形态的主导地位主要表现在对决策的指导作用,对人民的教育作用,对国家和社会的引领作用。当时也没有如后来那般用意识形态干预一切,对于当时社会上包括党内生活中仍然存在的多种非马克思主义思潮,虽然两者间争论和批评有时也很激烈,但基本都能采取平等相待的方法,以理服人,只有极少场合才采用行政措施。

从列宁和布尔什维克执政初期在意识形态领域的方针政策中可以总结出如下经验教训:

经验之一,区别对待对资产阶级意识形态和对敌对势力的斗争。对于敌对势力,当时苏俄国内的背景是阶级斗争十分尖锐,列宁和苏维埃政权不得不采取严厉的镇压措施;而对资产阶级意识形态,采取的方针是坚持以思想斗争和思想教育为主,以行政强制措施为辅,在坚持不放弃使用镇压手段的前提下,采取"不应过高估计镇压的作用"的方针。[①] 事实证明,这一方针是正确的。

[①] 《苏联共产党代表大会、代表会议和中央全会决议汇编》第 2 分册,人民出版社 1964 年版,第 240—241 页。

经验之二,区别对待资产阶级思潮和极左文化思潮。对于资产阶级思潮,采取有分析、区别对待的态度,对其中可能存在的积极因素大胆加以利用。列宁对待"路标转换派"的政策就是最好的范例。而对极左文化思潮,则坚决予以批判。不仅进行思想理论批判,还着眼于从组织上将其团体纳入党的领导的轨道。鉴于"无产阶级文化派"的立场和主张极为有害,列宁采取了旗帜鲜明的反对立场,但他十分强调无产阶级对过去时代和资产阶级文化的吸收和继承。

教训主要在于,在实际的意识形态斗争中主要采用行政手段解决意识形态分歧,造成了消极影响。例如,将一批知名的学术界精英驱逐出境。在这些人中,有的后来成为世界级学术泰斗,有的不再像原先那样反对苏维埃,而是转向了苏维埃爱国主义。尽管事出有因,但是采取简单"驱逐"的办法确实开了一个不良先例。苏共没能采取符合知识分子特点的政策,例如说服教育、团结争取等,方法也不得当,而是采用行政命令的方法简单处置,使国家失去一批有造诣的知识精英,以致对苏共后来的意识形态工作产生了负面影响。

在意识形态建设上,列宁之后的历任苏共领导人基本上沿用了列宁时期的做法。例如,1946—1948年,苏共中央通过了一系列决议,确定了"新的历史条件下思想工作的任务",就是"必须加强反对资产阶级思想的斗争,反对文学、艺术脱离人民性原则和社会主义现实主义原则的斗争",以培养具有共产主义觉悟的"苏维埃人"。① 在勃列日涅夫时期,苏共二十五大确定了思想工作方面的任务:结合各类劳动者的特点保证使思想政治教育、劳动教育和道德教育紧密地统一起来。在1977年12月22日通过的《关于进一步完善普通学校学生的教育和劳动前的培训》的决定,也强调必须"努力做到使在学校获得的知识,成为青年的马克思列宁主义世界观、苏维埃爱国主义和无产阶级国际主义的牢固基础。坚定不移地使成长中一代人习惯于共产主义道德的原则和规范"。②

值得指出的是,苏共自始至终对意识形态有着强烈的依赖性。尽管每一代领导人在具体做法上各不相同,但目的始终如一,即通过意识形态建设和管理,

---

① [苏] H. A. 康斯坦丁诺夫等编:《苏联教育史》,商务印书馆1996年版,第499页。
② [苏] H. A. 康斯坦丁诺夫等编:《苏联教育史》,商务印书馆1996年版,第509—510页。

把社会主义相对于资本主义的优越性从理论上加以论证,为民众描绘共产主义的美好图景,进而让民众接受现实政治秩序,从而为苏共执政提供合法性基础。

因此,苏共十分重视意识形态的构建和管理,它所尊奉的意识形态不仅是苏共组织内部的思想原则,而是已经转化为一种国家化的政治伦理,并渗透到国家和社会生活的各个领域,成为"指导"所有人的、不可须臾离开的思想原则。也就是说,国家和社会生活的各个方面完全意识形态化了。反过来说,执政党和国家的所有活动,也都极度依赖于意识形态,使意识形态刚性凸显,对党和国家产生巨大的反作用。

三、时代变迁与意识形态演化

赫鲁晓夫上任后苏联的意识形态发生了一些变化,原因在于对斯大林个人崇拜进行了批判。随之出现了一段"解冻"时期,苏共对意识形态的管理有所松动和变化,部分僵化的理论教条被打破。但是限于当时的客观历史条件和苏共领导人的主观认识水平,对斯大林个人崇拜的认识和理论分析是相当肤浅的,这在很大程度上限制了清除斯大林个人崇拜及其后果的进程。

要清除对斯大林的个人崇拜,必须将其放在苏联具体的社会历史条件下,从理论上对其社会历史根源和本质作相应分析。但是苏共二十大,无论是赫鲁晓夫的秘密报告,还是苏共中央随后通过的《关于个人崇拜及其后果》的决议,都没有从这方面着笔,因此揭露有余论析不足。赫鲁晓夫的做法是,过多地从斯大林个人品行和人格弱点方面进行归因,而未能从苏联特定的社会背景和具体历史条件出发剖析对斯大林的个人崇拜,更没有把斯大林的个人崇拜同苏共领导体制问题联系起来,这样得出的结论就必然失之偏颇。

尽管如此,赫鲁晓夫在意识形态领域还是有所作为的,主要表现在社会科学各部门对个人崇拜和教条主义的错误作了揭露和清算,一定程度上清理了斯大林的理论错误,冲击了斯大林时期的意识形态模式。这一时期,对斯大林理论错误的揭露,概括起来有以下几方面:

在哲学方面,揭露了斯大林只强调对立面的斗争而不讲对立面统一的错误,批判了他在对待哲学遗产问题上、在经济基础和上层建筑的相互关系问题上造成的混乱;恢复了被斯大林取消的否定之否定规律的地位,指出了斯大林用四个辩证法范畴取代唯物辩证法规律的错误;抛弃了所谓阶级斗争随社会主义胜利日益尖锐化的"规律"。这样,就纠正了斯大林《论辩证唯物主义和历史唯物主义》中的主要错误,推倒了有关该著作是马克思列宁主义思想"最高峰"的荒谬说法。在经济学方面,批判了斯大林关于由社会主义向共产主义过渡诸条件,关于从集体农庄所有制提高到全民所有制的道路,关于取消商品流通、以产品交换代替商品交换,关于社会主义条件下居民购买力永远超过生产能力等问题上的错误,抛弃了他对第二次世界大战(简称二战)后各主要资本主义国家发展潜力估计不足的错误,等等。在党史科学方面,破除了斯大林在理论上、政治上"不犯错误"的神话,在不少地方恢复了历史的真实面貌。在文艺方面,为消除"粉饰生活""无冲突论"等不良倾向,修改了社会主义现实主义定义,拓宽了理论和创作思路。在法学方面,推倒了斯大林给予苏联原检察长维辛斯基的"法学理论家"的权威地位,一定程度上恢复了社会主义法制的尊严和地位。

批判个人崇拜有着很大的积极意义。不仅一定程度上改变了苏联的意识形态内容,同时改进了苏共意识形态工作的方式方法。首先,放弃了过去的传统做法——用教条式的理论批判推动意识形态工作,思想理论工作的主要手段也不再是镇压和行政制裁,而是开始注意从正面做积极的说服教育工作;其次,注意克服教条主义和政治空谈,提倡"从生活出发,而不是从公式出发"。[①]

尽管出现了上述变化,但是由于根深蒂固的传统,一些历史上形成的错误理论和习惯方式仍然被保留在苏共的意识形态中。例如,关于社会主义发展阶段的理论和由此产生的理论脱离生活、脱离实际的"左"倾空谈以及不切实际的工作作风和方法。

赫鲁晓夫的理论水平和理论修养与他作为党的领袖的身份是不匹配的,而且他也不重视党的思想建设和理论建设,他执政期间提出的"三和""两全"以及

[①] [苏] Л.伊利切夫:《对社会发展进行领导的科学基础》,《共产党人》1962年第16期。

"20年过渡到共产主义"等主要是作为战略口号,不但带有很强的片面性,也缺乏理论论证。从工作作风看,赫鲁晓夫主观随意性大,往往不经过认真的调查研究就信口开河,导致朝令夕改,因此就全党而言,赫鲁晓夫时期意识形态工作新的建树并不多。

到了勃列日涅夫时期,相比赫鲁晓夫时期,意识形态方面有所倒退,甚至很大程度上回到了斯大林时期的理论轨道上。一个明显的信号,就是给日丹诺夫恢复名誉。理论上,勃列日涅夫时期召开的历次苏共代表大会和中央全会,一再强调"社会主义同资本主义之间"两个世界体系阶级斗争的"尖锐化",要求"对资产阶级的意识形态发动进攻",同时还强调,在国际上要"同修正主义、教条主义和左倾宗派主义的冒险主义进行斗争"。实践中,苏共也很注意同西方国家意识形态开展斗争,并视诸种国外思潮为"资本主义的总危机在继续加深"[1]的标志,在意识形态领域奉行一种教条化的僵硬政策。在这一时期苏共还提出,在文化上同西方斗争的主要目标,是"揭露资产阶级'群众文化'和颓废派的反动本质",[2]但实际上揭露、批判的范围广泛得多,除文化艺术以外,还包括经济学、社会学、历史学等许多领域。不难发现,这一时期的文化政策基本上是斯大林时期的延续,其手法是混淆西方文化与资产阶级意识形态,将两者完全等同起来,从而把资本主义文化中的合理成分一概拒之门外。勃列日涅夫时期苏共意识形态的特征是回归斯大林时期,把过去的一些传统意识形态原则恢复,这在社会科学领域表现出明显的停滞和倒退。

在历史科学领域,抛弃了苏共二十大的思想,开始为个人崇拜辩护。这从20世纪70年代再版、由波诺马廖夫主编的、当时很权威的《苏联共产党历史》中即可看出。该书虽然保留了有关苏共二十大和苏共中央关于个人崇拜决议的几段简短的文字,但同1962年初的版本比较,有关批判个人崇拜的重要段落已被全部删除。此外,苏联科学院苏联历史研究所所长 Л. B. 沃洛布耶夫由于坚持原则性的史学观点,被解除了职务;以直书二战史实驰名的史学家 A. 涅克利奇

---

[1] [苏]《勃列日涅夫言论》第7集,上海人民出版社1975年版,第18页。
[2]《苏共论群众舆论宣传工具》修订2版,莫斯科1987年版,第63页。

受到严厉追究,最后被迫移居国外;罗·麦德维杰夫因写《让历史来审判》一书尖锐揭露了个人崇拜,被开除党籍。相反,在题为《在历史的转折点上》①一书中,作者 C. Л. 特拉佩兹尼科夫以相当多的篇幅阐述苏共社会主义建设的历史经验,而在涉及所有这些问题时,严格遵循的是《联共布(党史)简明教程》的教条和口径,竟风行一时。经济学也受到影响,以 A. T. 阿甘别吉扬为首的"商品经济学派"受到围攻和批判。为了压制该学派的经济学家,采取行政手段撤去了 H. Ф. 费多连科担任的苏联科学院经济学部院士秘书的职务。

苏联这一时期意识形态的停滞和倒退,压制了改革思潮,经济改革理论上的探索也被扼杀,极大地伤害了之后的苏联改革。这一时期教条主义和僵化停滞的思想理论泛滥,空洞无物,只做表面文章,不触及国内外重大现实问题。与此同时,这一时期世界社会主义面临资本主义种种挑战,国内外面临众多纷繁复杂的问题,各种社会思潮纷起,迫切需要用马克思主义的思想武器,有针对性地对各种思想理论问题做出回应。然而,此时的苏联理论界却捉襟见肘、应对无力,他们只能固守一些陈旧的教条和说辞,完全丧失了马克思主义理论的生命力和战斗力。

在勃列日涅夫时期,苏共思想理论的僵化还集中表现在关于"发达社会主义理论"的讨论中。这一理论是这一时期党和国家的理论纲领,曾写进 1977 年通过的苏联宪法,也被官方理论家们吹捧为"是对科学共产主义理论的重大贡献"。所谓"发达社会主义",根据苏斯洛夫的解释,是要以现实生活中"全面而协调发展"的"经济条件、社会政治条件和文化条件"为前提,构建"成熟的社会关系",形成一种新的历史共同体——苏联人民。这个共同体既是各阶级和社会集团已经接近的社会共同体,又是所有民族已经接近并建立起牢不可破的友好关系的民族际共同体。"发达社会主义理论"作为一种理论纲领,远远脱离了 20 世纪 70 年代苏联社会的实际状况,掩盖了当时社会的种种痼疾,延误了对这些社会问题的认识和解决。而实际情况是,勃列日涅夫执政后期的苏联社会在"稳定"的表

---

① 该书为莫斯科 1972 年俄文第 2 版——笔者。

象下,矛盾重重,危机丛生。各种社会运动此起彼伏,接连不断,其中包括一些社会集团的签名抗议运动,各种持不同政见运动,少数民族的"返回家园"运动,抗议民族融合运动,等等。各种不同利益阶层的对立和冲突也时有发生。苏共领导集团用"发达社会主义理论"掩盖矛盾,实际上是一种不敢正视现实的"鸵鸟政策"和"鸵鸟理论"。

当然,勃列日涅夫时期的意识形态管理体制,不可能全面退回到1953年以前的时期。虽然人们对在学术文化领域的粗暴干涉还心有余悸,但已不像斯大林时期那样令人恐惧;一些领导人处理学术文化问题的专横武断虽时有发生,但非法滥用职权的事情已大为减少;最高领导人直接鞭笞文化人的现象虽未完全避免,但比以前有较大收敛。

由于意识形态对苏共执政的极端重要性,在苏联,要进行任何改革也必须首先进行意识形态的革新,否则改革将受制于意识形态而一无成效。所以苏联在20世纪80年代中期着手改革时,戈尔巴乔夫几乎在所有场合,都强调了苏联意识形态领域存在的问题及其改革的重要性。这样重视意识形态改革是必然的,也是十分必要的。因为经过之前勃列日涅夫时期18年的向斯大林主义复归,苏联意识形态领域积累的问题已经是陈陈相因、堆积如山。这些问题归纳起来主要表现在以下两方面:一是历史上的旧账成堆。20世纪三四十年代的冤假错案,除赫鲁晓夫时期有所触动或纠正的以外,相当多仍然没有得到解决,如托季联盟案、布哈林案、强迫迁徙少数民族问题以及二战后意识形态批判的大量遗留问题,等等。二是当时面临的现实问题也很棘手。这主要是指勃列日涅夫后期又发生的一些新的冤假错案,比如,对学术文化界人士的开除党籍、剥夺公职、社会隔离、变相流放、精神治疗、驱逐出国、褫夺国籍,等等。这些现实问题是在政治高压下形成的,其后果相当严重:造成了颇具规模的持不同政见者及其运动;阻挠和贻误改革,制造出了一大批极端民主派;推行大俄罗斯民族主义政策,孕育并促成了一股强大的民族分立主义潜流。

勃列日涅夫时期的苏共主观上不思改革,求稳怕变,一方面历史堆积起来的旧冤案长期得不到解决,另一方面新问题又不断被制造出来,新老问题叠加在一起,客观上导致社会停滞衰退。社会危机日益显现,就像长期蓄积起来的、快要溢出堤岸的洪水,一不小心就有决堤的危险。当年赫鲁晓夫就曾遇到过这种险情。戈尔巴乔夫在进行改革时也遇到了同样的险情,但是赫鲁晓夫在处理"解冻"问题上的经验教训他没能汲取,而只是看到了自己在改革中遭遇到的巨大阻力,竟而把"公开性"和"民主化"当成了打破"障碍机制"、发动群众投身改革的动员令和推动力。[①] 他没有意识到这是在洪水冲刷的岌岌可危的堤坝上开掘的一个豁口,其大小分寸、开掘的深度广度,关系着改革的成败和国家的安危,把握不好就会有堤坝决口、洪水滔天之祸。相反,他在苏共二十七大上提出"公开性"后的最初一段时间里,认为"公开性"的主要内容不外是革新共产主义的意识形态,"我们主张广泛发展公开性,但这是为了社会的利益,为了社会主义的利益和人民的利益"。[②]

然而,切尔诺贝利核电站四号机组的爆炸,给"公开性"口号以巨大的冲击。起初,苏共和苏联政府按照传统做法,先是力图掩盖,后来在西方国家强烈抗议之下才不得不公布了真相,随即引起公众和社会舆论的强烈不满,苏联貌似坚固的意识形态堤坝开始溃决。对20世纪30年代和二战后初期冤假错案的清理和昭雪不仅引发了一股前所未有的"历史热",也引起了人们对斯大林体制和继承这一体制的苏共路线的怀疑和批判。此时西方社会思潮也相继传入苏联。面对西方学术著作提供的史实和论据,苏共所持的极端僵化的理论教条无力与之进行交锋,因为这些理论教条是长期通过禁锢、封闭等严厉的惩罚措施来维系的。因此,不仅一般群众无力识别和抵制,就连在意识形态封闭的"温室"环境中培养出来的理论精英,也显露出弱不禁风的本相,其中一些人不仅不能披挂上阵,甚而不乏被西方思潮所俘虏。

因此,意识形态对苏联党和国家来说,称得上是一条生命线。苏联式的马克思主义意识形态,是苏共安身立命之本和其执政的合法性来源,也是苏联国家一切大政方针的基石和保障。然而遗憾的是,自斯大林时期以后,苏共的马克思主

[①] 周尚文等:《苏共执政模式研究》,上海人民出版社2010年版,第216页。
[②] 《俄罗斯历史(现代部分·1945—1999)》(俄联邦教育部核准高校教科书),2001年俄文版,第305页。

义意识形态未能随时代变迁而与时俱进发展,反而陷入停滞和倒退,致使马克思主义意识形态对苏共政权的辩护功能逐步丧失。在戈尔巴乔夫改革的浪潮中,在外来思潮的挑战和攻击下,马克思主义意识形态堤坝最终被冲垮,苏共遂迷失了前行的方向,执政的合法性和正当性随之受到质疑和挑战,所有的方针政策也都成了问题。因此,意识形态的全面失控,是苏联解体、苏共瓦解最重要的原因之一。

第一章
苏共意识形态的基本构成和主要特征

意识形态实际上是一定社会阶级、阶层和社会集团所信奉并遵循的一整套价值观和思想体系。苏共作为一个新型的无产阶级政党,也有自己一整套不同于过去一切政党的崭新的价值观和思想体系。

第一节 苏共意识形态的基本构成

从苏联共产党半个多世纪理论活动和意识形态实践的历史来看,概括而言,苏共意识形态基本由以下几个方面构成。

一、马克思主义

马克思主义是苏共意识形态的基础。准确地说,这里讲的马克思主义,是指来自西方的、经过俄国化的马克思主义,这个俄国化的马克思主义深受俄国民粹主义思想的影响,尤其是从民粹主义革命家特卡乔夫那里吸取了诸多思想成分。

众所周知,19世纪60—70年代马克思主义就从西欧传到了俄国,而最早了解马克思主义的俄国人却几乎都是民粹主义者。他们大都是从民粹主义思想的角度理解并接受马克思主义的,所以,俄国出现最早的是民粹主义的马克思主义,或者是夹杂着马克思主义的民粹主义。被称为"俄国马克思主义之父"的普列汉诺夫早年就是民粹主义组织"土地平分社"的成员,后来流亡西欧,接受了马克思主义。

　　列宁接受马克思主义后,在19世纪90年代走上政治舞台。当他开始着手建党时,也是吸取了俄国解放运动,特别是19世纪70年代革命民粹主义运动的经验作为自己的思想营养的。如果说列宁自称是"60年代遗产的学生",而视伟大革命民主主义者车尔尼雪夫斯基等人为自己的"先驱者",那么,列宁又说,特卡乔夫"这位作家无疑比其他人更接近我们的观点",①这"其他人"无疑包括车尔尼雪夫斯基等革命民主主义者。由此可以得出结论,即特卡乔夫的思想比之于车尔尼雪夫斯基为列宁接受得更多,前者堪为列宁更加直接的"先驱者"。

　　其实,从列宁写于建党时期的著作特别是在《怎么办?》一书中可以清楚地看出,他是怎样赞赏并吸取19世纪70年代民粹主义革命家特别是特卡乔夫的建党思想的。列宁直截了当地宣称:"70年代革命家所拥有的"组织,就是"那种我们大家应当奉为楷模的出色的组织"。② 他在批驳经济派时说,群众性的自发工人运动非但没有解除,"反而加给了我们这样的责任",就是要"建立一个像土地自由派所拥有的那样好的或者还要好得多的革命家组织"。③ 值得注意的是,列宁在此不仅公开指出了"像土地自由派所拥有的那样好的"革命家组织,还特意加上了"或者还要好得多的革命家组织"。出于当时斗争的特定情势,这个"还要好得多的革命家组织"列宁是不便公开指出来的。但仔细研读、领会列宁前后文的思想并同特卡乔夫建党思想加以比较,显然不难看出,这里特指"还要好得多的革命家组织"就是特卡乔夫的"人民解放协会"。我们在此先行简要地指出一个事实就能有力说明这一点:列宁在《怎么办?》中对俄国马克思主义者所要创建的无产阶级政党连续使用了一些断语,比如"战斗的革命组织""集中的战斗组织""坚强的革命组织""集中化的组织""严守秘密的组织"等;如果我们也仔细留心特卡乔夫在他关于建党的一篇重要文章《现在怎么办》中经常使用的这一类断语就会发现,列宁和特卡乔夫使用的这些用语是非常相近的,有些词组甚至完全

---

① 《弗·德·邦契-布鲁也维奇选集》第2卷,1961年俄文版,第314—315页;转引自《火炬》(革命历史文选),1989年俄文版,第98—100页。
② 《列宁全集》第6卷,人民出版社1986年版,第128页。
③ 《列宁全集》第6卷,人民出版社1986年版,第128页。

一样。① 这种语言上的相近并不是偶然的,当然是反映了思想的相近。

概括而言,以列宁为代表的布尔什维克从特卡乔夫那里吸取的思想成分主要有以下几点:

(1) 建立的革命党应该是集中化的、具有严格纪律的"战斗的革命组织"。这样的"革命力量的战斗组织"必须符合下列三个条件:第一,"权力要集中";第二,"下级服从上级、上级服从中央,和无条件的纪律";第三,"每个组织成员要保守最为严格的革命机密"。② 我们都很熟悉布尔什维克党的建党原则,列宁的《怎么办?》一书的第四章各节,讲的就是这些问题。这里无须列举更多列宁的话语,我们只须对比有些措辞用语的相近处,就能看出列宁恰是从19世纪70年代革命家那里吸取了上述建党思想。

(2) 少数革命家应在这个战斗组织中起坚强的骨干领导作用。

(3) 革命的实质问题是夺取政权,主张运用国家政权的力量改造社会。

(4) 扩大了使用暴力的范围,把暴力原则绝对化,甚至主张以暴还暴,用恐怖对抗恐怖。马克思主义仅仅是主张在社会革命中革命暴力不可避免的原则,并没有把暴力扩大化、绝对化,也没有把暴力扩大到人民掌握政权的社会,更没有主张在社会改造中使用暴力,相反,恰恰是民粹主义革命急进派特卡乔夫等人将暴力绝对化,主张将暴力应用到夺取政权后的社会改造中。

众所周知,布尔什维主义就是俄国化的马克思主义,而俄国化的马克思主义在俄罗斯史学家看来,就是来自西欧的马克思主义同俄国解放运动实践,主要是吸收革命民粹主义运动经验的革命实践的结合。而正是这种俄国化的马克思主义构成了苏共意识形态的基础。

二、列宁主义

列宁是继马克思、恩格斯之后,在新的时代依据新的历史条件创造性发展马

---

① 请对比《列宁全集》中文第二版(人民出版社 2013 年版),第 6 卷第 128—130 页和《19 世纪俄罗斯革命急进主义》(1997 年版俄文版)第 370—375 页——笔者。

② 请对比《列宁全集》中文第二版(人民出版社 2013 年版),第 6 卷第 128—130 页和《19 世纪俄罗斯革命急进主义》(1997 年版俄文版)第 366 页——笔者。

克思主义的第一人。列宁主义是把马克思主义应用于俄国具体社会历史条件,在东方经济文化落后国家实践马克思主义,实现马克思主义俄国化、东方化的一种理论学说。列宁运用马克思主义创立了列宁主义(布尔什维主义),列宁主义是新时代的俄国化马克思主义,是关于无产阶级和被压迫民族争取解放和发展的学说。列宁主义对世界、对中国产生过重大影响,是中国共产党最初的直接思想来源。

由于所处的社会历史条件,马克思和恩格斯对社会主义社会并没有提出太多的具体设想。列宁通过十月革命把社会主义由理论变成了实践,在革命后的探索中大大丰富、发展了马克思主义的社会主义理论。其中,放弃战时共产主义的"直接过渡",通过新经济政策的道路走向社会主义,是列宁晚年理论探索的最宝贵成果;而改善党和苏维埃国家机关,划分党政职权,加强监督,实行科学民主决策,建立高效廉洁政府,则是列宁晚年体制改革的重要思想。这些重要的思想理论,许多包含在列宁晚年的著作中。

列宁主义不仅是体现在列宁个人著作中的思想理论学说,实际上也是以列宁为代表的俄国布尔什维克在新的历史条件下实现马克思主义俄国化,把马克思主义由理论变为实践的集体智慧的结晶。具体地说,它体现着以列宁为首的一班俄国布尔什维克领袖人物的思想理论学说。就此而言,列宁主义就不仅仅是列宁一个人的思想和理论,也不仅仅是某一个人对列宁思想和理论的阐释和发挥,而是俄国布尔什维克领袖集团有关俄国革命和建设的思想理论学说,以及他们对列宁思想和学说的阐述和发挥。

但是列宁去世之后,由于斯大林和苏共实行对领袖个人的神化和崇拜,苏共遂把马克思主义等同于斯大林个人解释的列宁主义。斯大林在斯维尔德洛夫大学作了《论列宁主义基础》的讲演,对列宁主义下"定义",即"列宁主义是帝国主义和无产阶级革命时代的马克思主义"。[①] 斯大林还说:"列宁主义就是世界各国无产者的国际学说,对于世界各国——其中也包括那些资本主义发达国

[①] 《斯大林选集》上卷,人民出版社1979年版,第185页。

家——毫无例外地都是适用而且是必要的学说。"①这一定义把列宁主义在时空维度上无限扩大、延伸和泛化。

从俄国布尔什维克党建党初期,直到苏维埃国家建国之初,原本不存在对领袖个人的神化和崇拜;相反,作为领袖的列宁是十分谦虚平和的,民主作风较好,能与战友和同志们平等相处,进行自由争论,有错误也能展开正常的批评和自我批评。领导集体的其他同志也敢于坚持不同意见,无所畏惧地同列宁争论或公开论战。领袖寿诞也不举行祝寿活动。列宁在50岁生日时几乎没有安排什么活动,是在极平淡的日子中度过的。所以,在苏共早期,几乎不存在对列宁和列宁思想的神化和崇拜。

对列宁及其思想的神化和崇拜,发生在列宁逝世之后。一方面,是由于俄国社会经济和文化条件的落后,具有产生个人崇拜的社会土壤。俄国历史上没有西方的民主传统,没有经历过文艺复兴,真正西方意义上的启蒙运动也不曾发生。俄国是一个农民国家,农民历来是迷信、膜拜皇帝的,他们把皇帝看作上天的使者,是上帝意志的体现。所以,崇拜皇帝在俄国是根深蒂固的。另一方面,是由于列宁逝世之后激烈争夺列宁继承者的特殊政治环境。

列宁去世后,在党内展开了有关社会主义建设道路和方法问题的激烈争论。由于在争论中间掺杂着很多个人竞争和争夺领袖地位的斗争,使得党内斗争变得异常激烈和复杂。卷入这场斗争的,首先是斯大林、托洛茨基和季诺维也夫。参与斗争的各方都以捍卫列宁、维护"正统"的姿态出现,争相阐释并发挥列宁的思想。这当中,托洛茨基和季诺维也夫发表的著作尤多。前者在十月革命后10年当中就汇集出版了21卷著作;后者据1924年12月4日《真理报》报道,国家出版社列宁格勒分社开始出版季诺维也夫22卷文集。文集出版委员会甚至把这部文集称为"工人百科全书"。这一时期《真理报》也报道了出版《十月革命:列宁、布哈林、斯大林文选》的消息。布哈林同托洛茨基、季诺维也夫相比,从对列宁思想精髓的阐发来看,其著作更发幽探微,高出一筹。

较之上述三位著作家,斯大林著述最少,但也不甘落后。在列宁逝世不久,

---

① 《斯大林选集》上卷,人民出版社1979年版,第399—400页。

斯大林即在斯维尔德洛夫大学以《论列宁主义基础》为题做了短期讲座,紧接着就于1924年4—5月在《真理报》连载发表了讲稿。正是这篇讲稿使斯大林在某种程度上赢得了理论家的名声。该年年底,季诺维也夫也在共产主义科学院和红色教授学院以"列宁主义"为题开设讲座,以集中阐释列宁思想的大部头著作《列宁主义》在《真理报》连载,随后于1926年以同样标题出版了单行本。这样,俄共领袖们为捍卫列宁、争得正统地位,调门一个比一个高地颂扬列宁,从而开始了一个持续不断的赞颂并神化列宁的过程。

托洛茨基虽在十月革命和国内战争时期功劳卓著,是仅居列宁之后的二号著名领袖人物,但他是布尔什维克队伍中的后来者,加上其孤傲不群的做派和不善政治策略的行为,使他在争夺列宁正统继承人的角逐中败北。季诺维也夫具有与列宁在国外长期共事、并肩战斗的老布尔什维克的资历,并且也有当时身居共产国际执委会主席和把持列宁格勒一方权力的要职,但历史上反对十月起义的把柄被斯大林紧抓不放,最后也被斯大林打入另册。布哈林虽具理论和掌控意识形态的优势,但因其缺乏组织人事资源和带有某种书生气,在权力斗争中更不是斯大林的对手,因此他的失败是不可避免和预料之中的。那么,斯大林以在十月革命和国内战争时期并非突出领袖的身份,依凭强大的组织资源打败了所有的反对派掌握了党和国家权力后,怎样才能进一步巩固自己的权力呢?他的策略是,先是依靠"列宁学生"的身份来神化和崇拜列宁;而神化和崇拜列宁的现实目的,正是为了达到神化和崇拜斯大林自己;当其不再需要凭借列宁时,便直接树立他自己的被神化的形象。

斯大林战胜其他反对派以后,却把所有其他反对派成员,几乎所有列宁的战友和老布尔什维克领袖人物都打成了"人民的敌人",将他们所有人的著作几乎统统查封,当作"禁书",而唯独把斯大林解释的"列宁主义"看作列宁思想的正宗。为了神化列宁,连列宁认为的"现实生活说明我们错了"[①]的

[①] "我们计划(说我们计划欠周地设想也许较确切)用无产阶级国家直接下命令的办法在一个小农国家里按共产主义原则来调整国家的产品生产和分配。现实生活说明我们错了。"参见《列宁选集》第4卷,人民出版社1995年版,第570页。

战时共产主义①(关于战时共产主义,见本节附录1)的"直接过渡",以及列宁本人承认犯过的错误,如国内战争后期对波兰的进攻等,斯大林也加以掩饰,把列宁描绘成神一样从未犯过错误的、绝对正确的领袖。列宁无疑是伟大的,不仅是伟大的战略家和策略家,也是伟大的无产阶级革命理论家;但这并不是说列宁没犯过错误,并不是说列宁是神而不是人。斯大林神化列宁一贯绝对正确,是为了说明他本人"一贯紧跟"列宁,因而也是一贯绝对正确的。

但斯大林绝不仅仅限于把他自己看作"紧跟"列宁的人物。在以"列宁学生"身份神化列宁、达到神化自己以后,斯大林便进一步开始了对自身的造神运动。例如,斯大林利用自己在党内的领导地位夸大自己在国内战争中的作用,他在1927年9月8日中央政治局和中央监察委员会主席团联席会议上就曾声称:"有一系列文献资料可以证明,全党也都知道,在三年时间里,当前线吃紧的时候,中央把斯大林从这条战线派往那条战线,派往南方和东方、北方和西方。"②而由于在布勃诺夫、谢·谢·加米涅夫、图哈切夫斯基和埃德曼主编的《国内战争》一书中,没有能够突出斯大林在国内战争中的特殊作用,该书编辑委员会的全体成员及部分作者即被宣布为人民的敌人并遭到镇压。③ 斯大林在1929年12月21日自己50诞辰期间,曾进行了延续一个星期之久的大规模祝寿活动。其间,由伏罗希洛夫发表的《斯大林与红军》、卡冈诺维奇撰写的《斯大林与党》在《真理报》连载发表,开始伪造并篡改党史,把斯大林描绘成了党和红军的"缔造者"。20世纪30年代初,在意识形态"大转变"当中,除马克思、列宁之外,对包括恩格斯在内的俄国国内外所有马克思主义理论家进行的大清算,都是为了树立斯大林本人的马克思主义理论家的历史地位。1930年12月,在批判德波林

---

① "'战时共产主义'是战争和经济破坏迫使我们实行的。它不是而且也不能是一项适应无产阶级经济任务的政策。"列宁这段话是十分中肯的,尽管这不是他对战时共产主义的全面评价,参见《列宁选集》第4卷,人民出版社1995年版,第501—502页。列宁后来在对战时共产主义做深刻总结和反思时所说,当时曾经设想,通过这些措施可以走"比较短的道路","旧的俄国经济将直接过渡到国家按共产主义原则进行生产和分配"。参见《列宁选集》第4卷,人民出版社1995年版,第573页。
② 《什维尔尼克关于图哈切夫斯基案复查情况致赫鲁晓夫的报告(附录)》(1964年6月26日),《苏联历史档案选编》第13卷,社会科学文献出版社2002年版,第594页。
③ 《什维尔尼克关于图哈切夫斯基案复查情况致赫鲁晓夫的报告(附录)》(1964年6月26日),《苏联历史档案选编》第13卷,社会科学文献出版社2002年版,第604—605页。

学派取得决定性胜利之际,在接见以米丁为首的红色教授学院支部委员会成员时,斯大林在发表的重要谈话中提出要清除包括梁赞诺夫、①布哈林、普列汉诺夫甚至恩格斯在内的过去一切理论权威的影响,②就是为着这个目的。

斯大林的这些指示,实际上是要对意识形态领域尤其是思想理论界进行大清查、"大清洗",消除有碍于斯大林理论地位的一切障碍。苏联学者认为,这是要"为斯大林攀登哲学奥林普山扫清道路",把斯大林奉为"日后各个时期的哲学泰斗"。③德波林在"解冻"年代给赫鲁晓夫的一封信中证实了这种说法。德波林在这封信中说:"1930年年底,当时的宣传鼓动部部长向我宣布,从现在起,要在各个领域包括哲学领域在内确立一个权威,这个权威就是我们的领袖斯大林。为此,米丁、尤金和拉尔采维奇同志很快到住所来看我,他们向我提出最后通牒:要我必须在公众集会上……把斯大林本人宣布为伟大的哲学家。"④

由此,从20世纪30年代初开始,联共(布)中央实际上是用斯大林对列宁主义的解释——《论列宁主义基础》等著作代替了列宁的思想,甚至也通过斯大林对马克思和恩格斯思想的垄断性解释,代替了马克思主义。特别值得一提的是,在30年代编辑出版了《联共(布)党史简明教程》(简称《简明教程》),就是在这部著作中,通过伪造俄国革命的所谓"两个中心""两个领袖"的理论,⑤把斯大林神化到党和苏维埃国家创建者的地步,真正达到了斯大林与列宁相比肩的历史地位。

苏联官方也把通过大量伪造史实而编撰的《简明教程》奉为"马克思列宁主义的百科全书"。这就是说,读这部书可以代替对马克思和列宁著作的阅读。实际上在苏联和日后社会主义各国及兄弟党内都是这样做的,都把《简明教程》当

---

① 参见本章附录2。
② 《米丁笔记》,藏于苏共中央马克思列宁主义研究院中央党务档案馆,全宗14,卷宗24。
③ [俄]尼·马斯洛夫:《斯大林主义意识形态的形成过程及其实质》,1990年俄文版,第35页。
④ [俄]格·伏尔科夫:《复活·斯大林是怎样成为伟大哲学家的》,载《苏维埃文化报》1988年6月7日。
⑤ 所谓俄国革命的"两个中心",就是以列宁为首的"国外中心"和以斯大林为首的"俄罗斯国内中心"。所谓"两个领袖",就是列宁与斯大林。然而,由于斯大林是在1912年的布拉格会议上才刚刚成为中央委员进入党中央的,正是这个缘故,他才把布拉格会议夸大到极为重要的地位。

成了集马克思列宁主义之大成者,当成了马克思列宁主义的教科书。这样就把斯大林的理论和实践奉到了"至高无上"的权威地位,不仅代替了列宁主义,甚至也取代了马克思主义。到30年代后期,特别是到二战后初期,斯大林已经被当作了可以代替马克思和列宁的"最伟大"的理论家,斯大林被称为"天才导师""一切时代最伟大的人物""科学的泰斗""永不犯错误的理论家";提出"斯大林就是真理","谁反对斯大林,就是反对真理""斯大林的指示就是法律",等等。这样,斯大林解释的列宁主义,斯大林的思想,就成了当时最高、最标准的马克思主义。

三、斯大林主义

从斯大林时期开始,苏共将斯大林主义当作社会主义的唯一标准和社会主义理论的全部内容。

概而言之,斯大林主义包括以下几方面:

(1) 完成生产资料由私人所有制向清一色公有制的转变,而国家所有制又成为公有制的统治形式,这即是完全的社会主义。这种社会主义在政治上的体现,就是没有不可调和的对抗阶级的存在,而只有工农两个利益基本一致的阶级,这决定"在苏联只能有一个党可以存在",这就是代表工农利益的共产党。[①]

(2) 实行超高速工业化和强制集体化,国民经济以重、轻、农的次序,优先发展重工业,整个经济发展实行高度集中的指令性计划体制,以取消商品市场的自然经济和产品交换为特征。这是斯大林关于社会主义经济概念的主要内涵。

(3) 随着社会主义愈益接近胜利,阶级斗争愈加尖锐,而党内斗争则是这一阶级斗争特点的反映。

(4) 在社会主义和资本主义的关系问题上,认为两者是绝对对立的(这实际上是否定了社会主义同资本主义的历史联系——笔者),认为社会主义的发展可以离开资本主义而完全独立。因此,在政治上实行社会主义阵营与资本主义阵营的对抗;在经济上实行"社会主义世界市场"与"资本主义世界市场"两个平行

[①] 《斯大林选集》下卷,人民出版社1979年版,第408页。

世界市场的分割。

在斯大林时期,除了将上述社会主义理论模式作为标准社会主义外,其他所有关于社会主义的理论和观念都被视作是机会主义和修正主义的,或非马克思主义的。经过赫鲁晓夫时期对斯大林个人崇拜的批判,除"阶级斗争尖锐化"理论等个别社会主义理论观念受到质疑之外,斯大林的社会主义模式论基本上被保留了下来。到勃列日涅夫时期,思想理论上又基本恢复了斯大林的社会主义理论观念。

(5)坚持意识形态的"纯洁性",要求消除"中间思想形态",主张社会主义"超阶段论",以此作为极左思想政治路线和革命急进主义的显著特征。

十月革命以后,无论在执政党内还是在社会上,苏俄一直存在着一股强大的极左社会政治和文化思潮。党内相继出现了"左派共产主义""军事反对派"、工人反对派、民主集中派等,这些派别无一不带有这样那样的"左"的思想政治特征。在社会文化领域,从"无产阶级文化派""锻冶场""十月社"到"拉普"("无产阶级作家协会"的简称)等,同样无一不具有强烈的"左"的思想文化倾向。但在列宁时期,基本上还是能够不断同这些"左"的派别和思潮进行斗争的,在布哈林尚有权力的1928年以前,也没有放任上述"左"的思想文化倾向而任其滋长、泛滥。

自"大转变的一年"——1929年开始,随着反"右倾"斗争的最后胜利,斯大林明显地改变了对极左派别和团体的态度。对过去党内"左"的政治反对派,斯大林是只打击其组织成员个人,并不怎么清算其"左"的思想政治根源;对"军事反对派",由于斯大林过去同其有着这样那样的联系,对其组织成员非但不进行清算,还加以袒护和重用。最突出的事例是,让军事反对派骨干成员伏罗希洛夫接替伏龙芝担任了国防人民委员,委任布勃诺夫先是出任中央宣传鼓动部长,接着代替卢那察尔斯基担任教育人民委员。在对待旧专家和知识分子的态度和政策上,可以说在思想政治上同"军事反对派"几乎没有区别。对当时在思想文化界影响很大的"拉普",斯大林在《给"拉普"共产党员的信》中,对这个奉行"左"的政治路线和文艺路线的组织,给予了"基本的支持",而且从20世纪30年代初期起,还嫌这个派别"左"得不够,又开始批判其所谓"右倾机会主义"。在1932年4月解散"拉普"和其他文化艺术派别之后,联共(布)在思想文化领域实际上执行了一条没有"拉普"的"拉普"路线,甚或比"拉普"更"左"的路线。在20世纪三四十年代,斯大林把在反德波林学派中崭露头角的米丁学派作为思想理论界的领导力量加以依靠,就无可争辩地说明了这一点。

倡导意识形态的纯洁性,要求"百分之百的布尔什维主义",反对一切"中间的思想形态",实际上是20世纪三四十年代联共(布)意识形态的重要内容。十月革命之初,"无产阶级文化派"思潮的重要特征之一,就是鼓吹无产阶级文化的"纯洁性",主张在"净化的""特殊的"人工实验室中创造无产阶级文化。这种思想并未得到彻底清算,而为日后的一些人继承了下来。从1925年开展"布尔什维克化运动"时起,提倡"百分之百的布尔什维主义"就成了运动中的一个口号。在实施书报检查的问题上,教育人民委员卢那察尔斯基1928年曾发表文章,反对这种"百分之百",认为"这个要求是最有害不过的",甚至把它痛斥为"最野蛮的一种现象"。[1]但这一正确的主张却遭到了主管者的反对,之后不久卢那察尔斯基的职位便为原"军事反对派"成员布勃诺夫所取代。

与要求意识形态"百分之百"的"纯洁性"相联系,20世纪30年代,联共(布)又开始清除所谓"中间的思想形态"。斯大林《在党的第十七次代表大会上关于联共(布)中央工作的总结报告》中说,"党的敌人,形形色色的机会主义者和各种各样的民族主义倾向分子","他们的思想残余",同"一些中间居民阶层"的"不健康情绪"存在着思想联系,因此,提出了一种所谓"中间思想形态敌对论"的说法,并把这种"思想形态"几乎同"人们意识中的资本主义残余"等量齐观,[2]主张警惕并铲除之。这样,意识形态"纯洁性"的要求就有了具体的斗争目标和打击对象——一切具有"私有者意识"和"私有习惯"的人。正是以此为出发点,苏联中央执行委员会和人民委员会于1932年8月7日制定并通过了《关于保护国家企业、集体农庄和合作社的财产以及巩固(社会主义)所有制》的法律。在斯大林亲

---

[1] 马龙闪:《苏联剧变的文化透视》,中国社会科学出版社2005年版,第374页。
[2] 《斯大林全集》第13卷,人民出版社1985年版,第309页。

自起草的决议中说:"侵害公有制的人应当被看作人民公敌。"[①]正是依据这个法律,在1932—1933年大饥荒年景,在青黄不接的当口,农庄庄员凡有顺手牵羊行为、揪掐麦穗和农作物的,把包括16岁以下、12岁以上的未成年人一律判刑,予以惩处。这就从理论到国家法律把矛头对准了广大的普通民众。类似的法律一直实施到二战后时期。

苏共极左的思想政治路线和革命激进主义,在20世纪60—80年代上半期表现为社会主义的"超阶段论"。1936年,斯大林提出完成生产资料由私人所有制向公有制的转变,即是社会主义的"基本建成",这实际是社会主义"超阶段论"的一个理论基础。日后社会主义"超阶段论"的各种说辞,实际上都是对这一理论的演绎和发挥。赫鲁晓夫接受了斯大林的社会主义"基本建成"说,提出在60年代初进入"全面开展共产主义建设的时期"。勃列日涅夫虽然在具体问题上批判赫鲁晓夫,但在"全面开展共产主义建设"这一纲领性理论问题上,却又接过他的论纲并稍事改动,变为"建成发达社会主义社会",这就是勃列日涅夫"发达社会主义理论"的来源。

按照勃列日涅夫的意识形态大管家苏斯洛夫的解释,所谓的"发达社会主义",其经济条件,就是要"具有强大的物质技术基础",能达到"生产和劳动生产率稳定而高速度的发展";其社会政治条件,就是具有"成熟的社会关系",即产生了新的历史共同体——苏联人民;其文化条件,则是"国民教育的广泛发展以及马克思列宁主义世界观的普及和树立"。[②] 依据这种"发达社会主义理论"所进行的意识形态宣传,苏联似乎已经进入了美好的发达社会主义的"天堂",而苏联现实却是物资匮乏、民族矛盾严重,各种社会政治思潮跌宕起伏,完全是另一幅景象。"发达社会主义理论"实际上是一种掩盖矛盾、阻滞改革的理论,是一种满足现状、因循守旧、停滞不前的理论。它编织了一个"发达""完美"的苏联社会主义花环,靠着这个花环的装点,造成了一种富裕、满足、安定、和谐的社会假象。

---

① 《斯大林全集》第13卷,人民出版社1985年版,第189、344页。
② [苏]《苏斯洛夫言论选》下册,上海人民出版社1976年版,第939页。

它助长了勃列日涅夫求稳怕变的心态,使社会停滞衰退,问题成堆,濒临危机的边缘。

(6) 把资产阶级文化等同于剥削阶级的意识形态,将社会主义文化同资产阶级文化绝对对立起来,而把知识分子当作资产阶级和一切剥削阶级文化的载体,因此,消灭资产阶级文化和打击知识分子成了意识形态斗争的主要内容。

早在列宁时期和布哈林主持理论工作的 20 世纪 20 年代末期以前,对资产阶级文化采取的方针基本是正确的,看到了资产阶级文化中的合理成分,并将其视为人类文化成果的一部分,主张加以吸收和继承。而到后来,随着极左思想和极左路线的发展,渐渐把资产阶级文化等同于剥削阶级的意识形态,提出要建立无产阶级社会主义文化,就要同资产阶级文化划清界限,清除一切剥削阶级意识形态。甚至否定中间阶级和中间思想形态的存在,把农民和小资产阶级都无一例外地划进资产阶级及其思想的范畴,而主张加以消灭。

二战后,日丹诺夫更变本加厉,提出"现代资产阶级文化全面腐朽论",主张清除西方资产阶级的一切影响,把反对"世界主义"作为意识形态批判运动的重要题目,以此打击文化人和知识分子。在赫鲁晓夫时期虽对此有所纠正,但到勃列日涅夫时期又在某种程度上回到斯大林时期的理论轨道上。勃列日涅夫时期历次苏共代表大会和中央全会,不断强调"社会主义同资本主义之间"两个世界体系阶级斗争的"尖锐化",要求"对资产阶级的意识形态发动进攻"。[1] 同时还强调,在国际上要"同修正主义、教条主义和左倾宗派主义的冒险主义进行斗争"。[2] 这表明,苏共非常重视对国外展开意识形态斗争。这实际上是以"资本主义的总危机在继续加深"[3]为认识基础,在意识形态领域继续奉行一种"冷战"政策。这个时期苏联党和国家在文化上同西方斗争的主要目标,是"揭露资产阶级'群众文化'和颓废派的反动本质"。[4] 实际上揭露、批判的范围要广泛得多,除文化艺术之外,还包括经济学、社会学、历史学等许多领域。这一文化政策基

---

[1] 《苏共中央 1968 年四月全会决议》,载《真理报》1968 年 4 月 11 日。
[2] 《马列主义的伟大力量》,《真理报》社论,1971 年 3 月 7 日。
[3] [苏]《勃列日涅夫言论》第 7 集,上海人民出版社 1975 年版,第 18 页。
[4] [苏]《苏共论群众舆论宣传工具》修订 2 版,1987 年俄文版,第 63 页。

本上仍是继承了过去的传统思想,将资产阶级文化与资产阶级意识形态完全等同起来,拒绝吸收资本主义文化中的合理成分。勃列日涅夫时期甚至在某些方面给日丹诺夫恢复名誉,又回到了过去关于资产阶级文化的理论上。

总之,斯大林和之后的苏共仅仅将斯大林对社会主义的概念、对社会主义的理论模式,也就是斯大林主义当成了社会主义的唯一标准。其中一个做法就是斯大林时期一直封锁列宁晚年的著作,只是到斯大林去世后,赫鲁晓夫才在第5版《列宁全集》中将之发表。至于其他战友阐述列宁思想的著作,如上所述,更被一一作为"禁书"受到了封锁。

第二节　苏共意识形态的主要特征

总的来看,苏共所推行的意识形态是为其高度集中的政治经济体制服务的。不可否认,这种意识形态对于确立人们的共产主义世界观、人生观、价值观,对于统一人们的思想意识,对于建立和巩固社会主义政治秩序,均发挥着一定的作用。但同样不可否认的是,苏共的意识形态在其形成和演化过程中也呈现出若干固有的特征,引发了极其严重的社会政治后果。

一、具有终极性质的思想体系

苏共的意识形态是具有终极性质的思想体系,原因在于它带有某种宗教色彩。这里使用"宗教"一词既有直接意义上的含义,但更多的是用于其间接的意义,即类似于宗教的极端痴迷性,类似宗教的非理性,对某种思想学说抱着反科学的、极端狂热的信仰。

马克思主义不是宗教教条。宗教教条往往是一成不变的,而马克思主义是随具体时间、地点和条件的不同而不断发展丰富的。马克思主义一传入俄国,经过俄国化,受到民粹主义的嫁接,而民粹主义是有相当宗教色彩的,这样俄国的马克思主义也多少沾染上了一些宗教色彩。相对而言,长期经过国外流亡生活的俄国马克思主义者情况要好一些,他们的马克思主义修养较高,受俄国本土传统影响又相对较少,因而身上的宗教色彩要淡薄得多,其杰出代表就是列宁。列宁是灵活、具体运用马克思主义的典范,能根据变化的现实条件制定政策和变化策略,在20世纪20年代就大胆地实行了新经济政策,引进商品关系。而党内以斯大林为代表的"国内派",他们很少甚至几乎没有踏出过国门,更没有沐浴过"欧风美雨",所以受俄国本土传统影响很深,加上有些人就是宗教学校出身,所受宗教影响甚深。

1924年列宁逝世后,在红场建造列宁陵墓和保存列宁遗体问题上就有所表现。正如美国记者安娜·路易斯·斯特朗所说:"当1924年1月21日列宁逝世时,斯大林主持了丧礼,他在执绋者中处于突出的地位,他还不顾列宁的未亡人和某些布尔什维克知识分子的抗议,把列宁墓安葬在红场上。在这一点上,他违背了列宁的谦虚和简朴的原则,可是他比任何欧化的布尔什维克都更懂得,大部分仍旧是农民的俄国人民会被一个圣所和'有着永不败坏的圣人'所感动。后来千百万的老百姓走过这座陵墓并从参谒列宁而'获得力量'这件事,证明了这一点。"①在苏联,人们长期对列宁加以崇拜,一个时期(包括对斯大林的崇拜)是像对神一样崇拜的,这里含有相当的宗教色彩:在红场,人们虔诚地排着上百米长的队伍,就是为了一睹列宁的遗容;斯大林生前就受到神一样的崇拜,安葬斯大林那天,有上百人痛不欲生而发病,甚而有人因此死去。这与官方意识形态长期对领袖的宣传、崇拜,渗透着宗教崇拜色彩是分不开的。

苏共意识形态的宗教色彩有两个根源:一是扎根于俄国农民意识中的浓厚宗教传统;二是具有与之有着密切关系的革命民粹主义理论中的宗教色彩。②众所周知的一个事实是,俄国农民意识中有着极为浓厚的东正教宗教传统,正是这种宗教传统包围并影响着布尔什维克;但却较少有人了解,在一般民粹主义思想中也包含有宗教色彩,这种宗教色彩也以思想继承性的方式给布尔什维克的意识形态打下了烙印。

---

① [美] 安娜·路易斯·斯特朗:《斯大林时代》,世界知识出版社1979年版,第14页。
② [俄] A.B. 安尼金:《俄国革命理论中的宗教色彩成分——关于苏联意识形态形成的历史》,《祖国史》1995年第1期。

苏共的意识形态一旦带有宗教色彩,它的原则、教条自然就难以变化,因而刚性有余、弹性不足就是必然的。意识形态的这种刚性主要出于两方面原因:其一,苏共政权高度依赖意识形态。由于苏共政权因意识形态而起,意识形态使人们认同苏共执政,这样意识形态就为苏共执政提供了合法性支持,从而使得苏共执政必须继续借重意识形态。其二,社会现实和意识形态设定的理想目标两者之间差距巨大。苏联的社会现实长期达不到意识形态所设想的理想目标,俄共(布)当年在夺取政权时许下的诺言也不能立即兑现,因此,面对现实社会不发达的物质文明条件,苏共别无他法,只能依赖意识形态来为自身执政提供合法性支撑。这种依赖使得意识形态变成"刚性"的制度安排,因此苏共政权不仅必须坚持意识形态的规定性,还要时时处处为纯洁意识形态而战。如此,苏联政权才能获取合法性的支持。这种刚性的意识形态没有为灵活性的变通留下余地和空间。[1]

二、教条主义色彩浓厚

苏共党内以斯大林为代表的"国内派"受宗教影响甚深,在他们那里,原则、教条一经形成就是不能更改的。因此,斯大林一改列宁的理论风范和学风,理论原则一经确定下来就变成了不可变易的教条。由此社会主义"直接过渡"、非商品经济,优先发展重工业、计划经济,资本主义总危机理论、"工人阶级贫困化规律",等等,似乎是铁定的原理,成了万古不变的定则。不管客观形势如何变化,都得坚守它们,似乎是不可更改和变易的,此即斯大林的教条主义。与斯大林教条主义联系在一起的是苏共意识形态的保守性和凝固性,造成苏共意识形态本身缺乏弹性和灵活性,往往僵化凝固,长期一成不变。

苏共思想理论的教条主义和意识形态的凝固性,固然有俄国宗教文化传统因素的影响,但以大批判、大整肃为主要手段,通过持续不断高压的思想政治运动,肃清一切违背斯大林理论公式的思想理论,禁锢、扼杀一切理论创新,是造成

---

[1] 郝宇青:《论苏共的意识形态合法性》,《社会科学研究》2005年第4期。

这种状况的主要原因。

斯大林时期几乎未曾间断过意识形态的大批判、大整肃和大斗争,造成了苏共意识形态的凝固性和教条性。20世纪80年代中期以前的各个时期也都进行过种种意识形态批判,只不过声势和规模都较小一些,在批判力度以及行政、刑事处分上都不能同斯大林时期相比而已。但把批判、整肃作为较普遍的意识形态掌控手段,各个时期是没有多大区别的。长期的批判斗争,不允许任何不同见解发表,依靠种种震慑人心的高压手段,形成了一套以斯大林主义为定式的思维模式,形成一种以斯大林式社会主义为标本的理论原则,这种理论原则固步自封,不能吸收外界先进思想,墨守成规,不能与时俱进,久而久之人们逐渐形成一种恒久不变的思维习惯,一套很难突破的成规,思想理论难以创新。[1] 加上当时的政治高压,时人大多数既不敢这样想,更不敢这样做,否则,轻者拿职务地位冒险,重者于身家性命不保。这样一来,思想理论的凝固僵化,教条主义的泛滥,就在所难免了。

苏共意识形态的形成,是与斯大林时期确立的官职等级阶层(也就是官僚特权阶层)的推动分不开的,因为这种意识形态基本代表了这一特权阶层的既得利益。苏共的干部一经进入这一阶层,为保乌纱帽及其特权地位,就产生一种固有的保守性,因而也给代表其利益的这一意识形态注入了保守的性质。这种意识形态不顾现实生活的变化,不考虑人民群众的愿望和要求,不思变革并压制变革。况且,这种意识形态的凝固性和教条性本身也会抵制改革。这样,它的保守性、凝固性和教条性"三性一体"的特点愈发明显。

三、追求"纯而又纯"的价值体系

苏共追求意识形态的"纯而又纯",造成了意识形态的封闭性和脆弱性。

前文已述,苏共对"纯而又纯"的意识形态的追求与党内的极左思潮、极左传统分不开。早在十月革命胜利初期,"无产阶级文化派"就主张在"纯粹的实验

---

[1] 周尚文等:《苏共执政模式研究》,上海人民出版社2010年版,第228页。

室"环境中,创造避免其他阶级污染的"纯而又纯"的"无产阶级文化"和意识形态。这种思潮实际上反映了党内一部分人的思想状况。列宁领导的党内主流派虽同"无产阶级文化派"的这种思潮进行了几个回合的斗争,但后者的思想影响还严重而顽固地存在着,并在党内有相当大的市场。20世纪20年代晚期,斯大林在党内发动的"布尔什维克化运动"中,有人提出要达到"百分之百的思想纯洁性",做"百分之百的布尔什维克",这与"无产阶级文化派"所要求的"无产阶级思想"和"无产阶级文化"的"纯粹性"一脉相承。这种"纯粹"是形而上学意义上的,现实中根本无法达到,而为了追求这种"纯粹"就要避免被外界"污染",有效办法就是同外界隔绝,搞自我封闭,而且这种封闭性贯穿整个苏联历史的始终,尤以斯大林时期最为严重。这就使得苏共的意识形态具有了封闭性。

苏联长期闭关锁国,同外界隔绝,搞自我封闭,书报检查制度又严厉到连专家、学者都接触不到当代世界前沿文化科学信息的地步。伴随意识形态这种封闭性的必然是脆弱性,在这种极端封闭环境中形成的思想理论和意识形态犹如温室中生长的花朵,必然弱不禁风,难以经受西方思想理论和意识形态的风雨冲击。因此,当赫鲁晓夫"解冻"以后,特别是戈尔巴乔夫推行民主化、公开性后,西方思想理论和外来意识形态汹涌而来,对此苏联教条化的意识形态难以抵挡,甚至是不堪一击,这就不难理解了。

关于苏联意识形态的封闭性和脆弱性及其造成的严重后果,学界至今还未达成共识。有一种观点认为,苏共瓦解、苏联解体源于意识形态的失控,而意识形态失控却是因为失去了斯大林那样对意识形态的控制。这种看法恐怕是倒因为果。起因是斯大林的文化专制主义和苏联长期过分严厉的思想控制,导致其思想理论和意识形态的封闭性和脆弱性,造成人们的思想免疫力极弱,经不起同外界思想理论的交锋,因而当人们一旦接触外部世界五彩缤纷、五花八门的思想理论、文化思潮和文化现象时,便眼花缭乱、无所适从,是非莫辨、乱了阵脚。如果苏共的意识形态模式既坚持主流意识形态的主导地位,又容许一定的民主和多样性,容许同西方思潮接触并对其进行研究,人们对其有了一定的免疫力,或许就不会发生之后严重的意识形态危机。

四、带有二元论色彩的思维方式

马克思主义是一个具有开放性的思想理论体系,它能不断吸取新的科学思想成果,丰富并发展自己,马克思主义理论也随时间、地点、条件的变化而与时俱进。因此,它是一个开放的理论体系,以科学理性为依归、海纳百川。但苏共的思维方式带有二元论色彩,使得苏共在运用马克思主义、把马克思主义本土化的过程中潜藏着不容异见的特征。这一特征与以下三者有关:东正教的不容异教派的宗教传统;沙俄几百年的文化专制主义统治;革命民粹主义极端性和不容异见性。

苏共意识形态的一个重要特点,即十分重视和突出无产阶级思想体系同资产阶级思想体系之间的斗争,对于其他中间思想形态则一概否定。列宁认为:在帝国主义时代,"问题只能是这样:或者是资产阶级的思想体系,或者是社会主义的思想体系。这中间的东西是没有的"。他解释说,这是"因为人类没有创造过任何'第三种'思想体系,而且在为阶级矛盾所分裂的社会中,任何时候也不可能有非阶级的或超阶级的思想体系"。[1] 因此列宁甫登政治历史舞台就坚持对异己思潮、敌对思想持"不肯容忍性",主张对其坚决斗争。列宁这样做的理由,是因为他认为,与社会主义思想体系相比,资产阶级思想体系的渊源要久远得多,它经过了更加全面的加工,所拥有的传播工具也比前者多得多;因此,年轻的社会主义运动应当积极地同一切试图巩固非社会主义思想体系的企图作斗争,而正因为运动处于"幼年阶段",为了使其尽快成长起来,"应当采取不肯容忍的态度"来对待阻碍运动发展的人。[2] 再加上布尔什维克是在第一次世界大战的条件下取得政权的,执政后又面临严酷的国内战争,战争环境要求无条件地服从,使布尔什维克的意识形态缺乏弹性,在铁的纪律面前益发加强了意识形态的不容异见性。

当然,布尔什维克在执政前和在执政初期,尚能一定程度地在党内容许不同

---

[1] 《列宁全集》第6卷,人民出版社1986年版,第38页。
[2] 《列宁全集》第6卷,人民出版社1986年版,第40页。

意见和反对派的存在,但对其他社会主义政党却缺乏包容性,在可能妥协的时机和地方表现出不容异见性。俄共(布)十大关于取消派别的协议,连在党内也不能容许不同意见和反对派存在,并开始了对反对派的压制和整肃。后来,这一决议被斯大林利用并加以强化,使党内变成了"一言堂",非但不允许反对派存在,连任何不同意见也往往被上纲上线,遭到打压。对于意识形态问题,对于人们思想认识、思想方法上的分歧,大量使用行政的、党纪的乃至法律的手段去解决,这成了苏共意识形态不容异见性的显著特征。

第二章
苏共意识形态工作机制及其特点

苏共意识形态工作总体的框架体制为集中统一、高度集权管理,由党中央主管意识形态的书记为总管,由中央宣传鼓动部统一集中领导。这一意识形态工作体制建立于十月革命胜利后的1920年,主要通过三条途径实行对意识形态的管理和控制:一是严厉的书报检查制度;二是通过学科批判确立官方思想理论范式;三是用"教科书"统一思想。苏共意识形态工作机制的运行特点可以高度概括为一句话,即用意识形态干预一切,具体表现为开展"造神"运动、追求意识形态的"纯而又纯"、运用意识形态批判和意识形态渗透生活。

第一节 高度集权的意识形态领导体制及管理机构

革命胜利初期,党内没有设立专门负责意识形态的部门。那时,在中央,对意识形态机构进行总领导和总监督由俄共(布)中央书记处直接负责;在地方上,则由各级党委和基层支部以及由它们建立的各种名称的宣传鼓动机构来负责这一工作。只是到1920年8月,党中央才建立宣传鼓动部,专门负责"把各种宣传鼓动和文化教育工作(教育人民委员部、国家出版局、中央出版物供应社、工农红军总政治部的工作)全部抓起来和统一起来",[1]主要集中对精神文化各领域实

---

[1] 《苏联共产党代表大会、代表会议和中央全会决议汇编》第2分册,人民出版社1964年版,第45页。

行总的领导。在各级党委设立了相应的宣传鼓动部,负责对各地区这方面的工作进行总的领导。俄共(布)中央宣传鼓动部则由党中央委员会一名书记负责。党中央下设一个委员会,由它给宣传鼓动部、农村工作部、妇女部和青年团下达方针性指示。宣传鼓动部则协调各个意识形态机构的宣传鼓动工作。[1] 除这些常设机构外,为完成一些特定的临时任务,还不断设立各种中央临时专门委员会,来集中领导某些工作。革命胜利初期建立的这个意识形态管理框架体系,打下了此后数十年苏联意识形态集中统一的基础。后来各种具体管理机构或有增设和扩大,它们的名称或有这样那样的变动,但其由党中央主管意识形态书记为总管,由中央宣传鼓动部统一集中领导的总体框架体制,一直保留了下来。

有鉴于此,自20世纪二三十年代以来苏联党和国家体制中就形成了一条不成文的规定:在苏共最高领导层中,第二把手主管意识形态,但最重要的意识形态问题仍然由最高领导人拍板,这种领导体制也反映出意识形态在国家政治生活中的重要地位。斯大林时期,掌控着意识形态最高权力的是斯大林本人,他发出号令,责令党内意识形态的最高执行官——党中央的第二把手——30年代初是卡冈诺维奇,30年代中期以后是日丹诺夫,通过中央宣传鼓动部或中央文化宣传部具体部署贯彻。这种个人权力体制用于当时通过大批判运动掌控意识形态这一机制来说,是得心应手的,但这种机制在"解冻年代"却失效了。因此,需要一种新的机制取而代之。

在这种情况下,根据1958年1月3日苏共主席团决议,建立了中央意识形态、文化和国际党际联络专门委员会(通常称为"第一个意识形态委员会")。从该机构的组成看,它的级别很高,权力很大。委员会主席是苏斯洛夫,成员有波斯佩洛夫、库西宁和福尔采娃。他们都是中央主席团委员或候补委员,也都是中央书记处书记。这个委员会的任务是研究国际宣传中出现的问题和国际共运的理论问题,关注报刊对这些问题的阐述,并实施对苏联情报局和国家对外文化联络委员会政治方针的监督,实施对面向国外的无线电广播和更广泛问题的监督,

---

[1] 《苏联共产党代表大会、代表会议和中央全会决议汇编》第2分册,人民出版社1964年版,第45页。

包括对带有政治和意识形态色彩的科学和文学艺术领域的状况、事态和事件的监督,等等。委员会还对苏联专家、文化和科学活动家等类人物出国旅行考察和外国各类人物和专家来苏访问事宜实施管理,决定是否允许让苏联人出国和外国人入境等各类事项。但在其实际活动中,该委员会几乎不是"研究出现的问题"和"理论问题",而是对有关具体问题制定政策,通过决定。它的活动方式仿照苏共中央主席团和书记处,在日常例会或通过传阅方式对有关问题做出决定。[1]

这个意识形态委员会或许是成员级别太高,活动太忙,顾不上管理、监督这么广泛、复杂而具体的问题,因此,根据1962年11月3日中央主席团决议,又成立了级别稍低一点的中央意识形态委员会,通常称为"第二个意识形态委员会",用以取代第一个委员会。第二个意识形态委员会的职能有所降低,从它的管辖范围中取消了对国际问题和体育问题以及对一系列具体机构工作的监管,但补充了对教育问题的监督。第二个意识形态委员会不同于第一个意识形态委员会的另一重要之点在于,它不做决议,只讨论问题并就这些问题提出建议和决议草案,提交中央书记处和主席团讨论通过。这个意识形态委员会存在到1966年5月,由当时的政治局决议予以取消。[2] 管理机构虽有调整,但集中统一、高度集权管理意识形态的整个体制并没有改变。

第二节 意识形态工作机制——管控途径

苏共的意识形态工作机制集中表现为对意识形态实行严格的管理和控制,其目的在于压制和消除异己思想,以更好地发挥意识形态的合法性辩护功能。苏共对意识形态的管控主要通过三条途径:一是严厉的书报检查制度;二是通过学科批判确立官方思想理论范式;三是用"教科书"统一思想。

---

[1] 《从斯大林到戈尔巴乔夫时代的文化与政权·1958—1964年的苏共中央意识形态委员会(文件汇编)》,2000年俄文版,第25页。
[2] 《从斯大林到戈尔巴乔夫时代的文化与政权·1958—1964年的苏共中央意识形态委员会(文件汇编)》,2000年俄文版,第25—28页。

一、严厉的书报检查制度[①]

沙俄时代俄国就存在书报检查制度的传统,有名的第三厅就是行使书报检查职能的机关。革命者深受书报检查之苦,所以,从赫尔岑到列宁都不得不流亡到国外去办报刊,宣传和鼓动革命。

十月革命胜利之初,出于回击反革命报刊疯狂反扑的需要,苏维埃政权建立了书报检查制度。但当时就在《关于出版的法令》中声明,这是"一些临时性的紧急措施","只要新社会秩序一经巩固,便将撤销对出版物的一切行政管制;并将按照最宽容和最进步的规章,在担负法律责任的范围内予以出版物的充分自由"。[②] 但是这一诺言并未兑现。随着革命后政治形势的逐渐稳定,非但没有放松对出版物的行政管制,反而越来越拧紧行政管制的螺丝钉。

苏共党内以卢那察尔斯基为代表的一些人物,也曾同书报检查中的专横粗暴做法进行过斗争,企图通过制定出版法加以规范和限制,但最后以失败而告终,最后还是以党和政府的一系列决议和法令作为书报检查的依据,构成了现行书报检查制度的主要内容。这些内容包括:创办期刊和出版社的批准许可制度;事前对各类演出的检查制度;编制查禁流通作品和书籍的清单;对印刷工业采取监督措施;各部门对各自领域出版事业实施监督;实行国家对经典作家、教学参考书和已故俄国作家初版档案的初版垄断权;实施对报刊犯罪的惩罚措施;对所有以图书馆馆藏为目的的出版物实施登记、检查;等等。[③]

这一书报监督检查体制,在1922年至20世纪30年代初是由图书文献和出版事业管理总局(简称出版总局)集中实施的。[④] 出版总局经由两条途径贯彻俄共(布)中央的书报检查政策:一是"采取行政手段和书报检查追究手段";二是

[①] "严厉的书报检查制度"这一部分主要转引自马龙闪:《苏联的书报检查制度及其对党和国家发展的影响》,《俄罗斯研究》2004年第2期;周尚文:《苏共执政模式研究》,上海人民出版社2010年版,第219—222页。
[②] 转引自[美]约翰·里德:《震撼世界的十天》,人民出版社1980年版,第362页。
[③] [俄] Г. В. 日尔科夫:《19—20世纪俄罗斯书报检查制度史》,2001年俄文版,第254页。
[④] 参见本节附录1——笔者注。

"采取意识形态压力"。前一措施,包括查禁书报和出版社,压缩印数和实施罚款,以及对责任人进行法律制裁和审判;后一手段包括同编辑部谈判,给它输送合适的人选,裁除不可用的人员,等等。①

根据苏共中央政治局1923年通过的实施细则,对出版物要按其一定倾向进行分类,对每一类出版物的检查都提出特别的要求。文艺类的作品,凡是反对社会主义建设或者有低级趣味的,一律禁止;哲学、社会科学和自然科学类作品,凡是有"明显的唯心主义倾向",又面向广大读者的,一律加以查禁;严禁有反马克思主义倾向的经济类书籍,但有学术和实用价值者,限量发行;宗教类书籍只有属于祈祷性质的才许可出版;对青少年读物限制很严,只有能促进"共产主义教育"的才允许出版。②

除上述外,书报检查实施细则还包括:"不准出版不应公开的资料(国家机密)和对党和苏维埃政权带有明显敌视性质的文章",不准出版"在主要问题上——包括社会舆论、宗教、经济、民族问题和艺术等方面,具有敌对性思想"的作品,不准出版低级趣味的报刊、淫秽作品和不良广告等;对文章中"有损害党和苏维埃政权威望的最敏感的文字(事实、数字、评价)",要加以删除;暂停个别出版物或缩减印数,关闭有犯罪活动的出版社,并对其负责领导人提交法庭或转交地方政治保卫局处理。仅从文字上看,这些规定似乎在当时并没有错,但后来被斯大林用来针对党内反对派就变了味,发生了严重的歪曲和扩大化。③

在有关书报检查的文件中,还规定了出版总局同国家政治保卫局的密切关系。主要包括:(1)安全部门的政治机构,"要在监视报刊发行、交付印刷、书籍贸易和进出口国境的出版物上,提供技术帮助"——"技术帮助"主要是指提供警力;(2)在任命出版总局三领导时,对其中一位的任命,必须同国家政治保卫局协商确定;(3)国家政治保卫局政治监察部门对已由出版总局实施事前检查予以放行的出版物,再行实施事后检查,并对违法者提起诉讼和没收有关出

---

① 马龙闪:《苏联的书报检查制度及其对党和国家发展的影响》,《俄罗斯研究》2004年第2期。
② 周尚文等:《苏共执政模式研究》,上海人民出版社2010年版,第220页。
③ 周尚文等:《苏共执政模式研究》,上海人民出版社2010年版,第220页。

版物。①

苏联的书报检查制度,不是随着政权的巩固和社会的稳定逐渐走向宽松,而是越来越趋于严厉,书报检查所包括的范围也越来越广泛。这集中体现在出版总局权力的逐步扩大及其职能的与日俱增上。而随着出版总局权力和职能的扩大,它自身的机构也日趋膨胀。

1923年,在出版总局建制下成立了演出和剧目监督委员会,负责对各种演出和各艺术类别目录的监督。随着无线电广播事业的出现,出版总局也承担了对其各项事务的监督。随后,对音乐录音制品、广告的监督,等等,也都归入了它的职权范围。从查禁出版物的数量看,1925年一年间由出版总局和列宁格勒出版局查禁了221部书。而到1926年,则禁行了4 379期国外期刊、5 276部书和2 674件印刷品邮件,还查禁了975部作品。② 到1938年,仅前9个月经事前审查,就查出12 588条不能公布的属经济和军事秘密的信息,还查出了23 512处属"政治思想方面的歪曲"。③

出版总局也负责对进出口印刷品的监督,以及对图书馆馆藏和市场流通图书的检查和管理。出版总局下设国外部,专司对入境出版物的检查,查禁的范围包括这样一些出版物:"有违背和敌对无产阶级思想的""有唯心主义倾向的""作者属反革命者和死于同苏维埃政权作斗争者",甚至"包含有赞扬旧生活方式、带资产阶级道德成分的儿童文学作品"。④ 有权取得有上述内容国外出版物的,只是党中央、人民委员会和中央执委会所属工作人员,以及特大型学术图书馆。资深研究员只有得到出版总局和政治保卫部门的批准才能阅读这类出版物,但后来这一规定也被取消了。

在新经济政策时期,对"资产阶级"报纸通常还是放行的。1927年之后,对各个资本主义国家的报刊都编订了目录,严加控制。平均每年没收的出版物在

---

① 参见本章附录2——笔者。
② [俄] Г. В. 日尔科夫:《19—20世纪俄罗斯书报检查制度史》,2001年俄文版,第274页。
③ [俄] A. B. 布卢姆:《全面恐怖时代的苏联书报检查制度(1929—1953)》,2000年俄文版,第38页。
④ 圣彼得堡中央文学艺术档案馆:ф·31·оп·2·д·8·л·9·,转引自姜长斌、马龙闪:《以科学社会主义观认识苏共意识形态的消亡》,《学习时报》2007年3月14日。

15%—20%,有些种类达 20%—30%,哲学和宗教类最受歧视,甚至达到 40%,政治和历史类平均达 23%。①

与此同时,对图书馆馆藏图书和市场流通的图书也进行了大规模严格清查。根据出版总局局长 1936 年 1 月 10 日《关于从图书馆和书库清除不准在苏联传播外国文献》的命令,集中在两周时间内,由检察官会同内务部代表,仔细对各大图书馆的库藏进行了清查。清查出来的成千上万种外国图书和报刊,被归入特藏书库。随着控制的加强,订购国外文献越来越难。这以人文类图书尤甚,几乎所有这类外文的和俄国侨民的出版物都被自动移入特藏书库,其中有许多还遭遇了全面销毁。

随着各类检查力度的加大、监督范围的扩大,先后建立了各种名目的检查机构协同出版总局履行职能。20 世纪二三十年代,曾出现过这样一些检查机构,包括国家政治保卫局的政治监督司、海关书报检查处、邮政检查局、艺术委员会、艺术事务管理局,等等。与此同时,出版总局本身的机构也越来越大,人员也越来越多。到 1938 年,它就发展到 15 个处,这一年仅从事事前检查和事后检查的两个处就达 525 个检察官之多。到 1940 年,仅俄罗斯联邦的检察官就达将近 5 000 人。②

尽管出版总局从组建之日起就做了大量的工作,但仍然不能令联共(布)最高层领导满意,③于是,在 20 世纪 30 年代初又对书报检查机构来了一次大的改组:把书报检查体制由国家机构行使职权,转变到由党的机关实施全面的书报检查。苏共中央政治局于 1930 年做出决议,责令教育人民委员部在两周内改组出版总局。约一个月后,苏联人民委员会根据党的文件做出相应决议,再次削弱了出版总局的职权:"解除出版总局中央机构从政治思想和军事、经济观点方面对出版物进行事前检查的所有业务",作为代替执行这一任务的机制,设立出版总局"特派员"和政治编辑"建制","确认特派员建制为在书报文献和无线电广播

---

① [俄] A. B. 布卢姆:《全面恐怖时代的苏联书报检查制度(1929—1953)》,2000 年俄文版,第 125 页。
② [俄] A. B. 布卢姆:《全面恐怖时代的苏联书报检查制度(1929—1953)》,2000 年俄文版,第 33 页。
③ 参见本章附录 3——笔者。

等领域实施事前检查的基本环节。责成确保具有出版总局特派员必要人员名额的前提下,务必在出版社内部实施对所有出版物的全部事前检查"。而且在这个文件中公开表明,要用党的工作人员取代职业检察官,"在地方报纸中,可以将特派员委任为报纸兼职编辑"。①

不仅在报纸,后来在杂志中也设立了政治编辑制度。政治编辑的职责和任务,由中央政治局 1931 年 4 月在其决议中作了规定,强调指出,政治编辑负责对报刊的思想政治审查,应"向苏联司法机构和相应党的监督机关负责"。②

这次改组,使党的书报检查机关逐渐取代国家机关而直接行使书报检查职能。出版总局表面上虽然一直存在,还挂在教育人民委员部和后来的教育部建制之下,但实际上已被完全纳入了党的书报检查体系,包括它活动的一切方面,从领导人到列入官职名录工作人员的任命,都被置于党的机关的监督之下。直到 20 世纪 80 年代中期戈尔巴乔夫改革之前,这种情况基本上没有发生变化。

二、通过学科批判确立官方思想理论范式

苏共执政后意识形态工作的主要内容和主要形式,是进行批判和斗争。大批判、大斗争和大清理、大清洗,是斯大林自 20 世纪 30 年代初开创的一种意识形态斗争形式。在日常思想文化生活中,是进行小批判和小斗争,每逢什么大的运动,则是实行大批判、大斗争。这种意识形态领域里的批判斗争,在 20 年代在某种程度上允许被批评者公开申辩或反批评,但是自 30 年代始,则完全剥夺了被批判者申辩的自由。在意识形态领域开展大批判运动,目的就是要确立苏共认可的思想理论范式,清除各种所谓"异端"的思想理论,而运用批判斗争的方式在斯大林时期表现得最为明显。

20 世纪 20 年代末至 50 年代初,除了苏德战争打得最激烈的 1941—1943 年之外,苏联各种意识形态批判运动基本没有间断过。斯大林通过大批判运动,在推倒过去的思想理论权威的同时,确立起了斯大林这个新的唯一的思想理论

---

① [俄] Г. В. 日尔科夫:《19—20 世纪俄罗斯书报检查制度史》,2001 年俄文版,第 290 页。
② 参见本章附录 4——笔者。

权威。① 也通过这种大批判运动,在清除过去的思想理论原则的同时,建立起了斯大林的思想理论范式,即由斯大林解释和认可的、往往是被歪曲和篡改了的马克思列宁主义。

这20多年是苏联意识形态批判和斗争的高潮期,前后一共三次。②

第一个高潮期,20世纪20年代末至30年代初,这是意识形态的"大转变"时期。其间,主要展开了政治上对布哈林经济理论的大清算,在经济学中展开了对鲁宾政治经济学派的批判,在哲学界展开了对德波林及其学派的批判,在史学界开展了对斯卢茨基和《无产阶级革命》杂志的批判,在文艺界展开了对"拉普"的批判。从1929年12月27日斯大林在共产主义科学院召开的马克思主义土地专家代表会议上发表讲话,号召以几个经济理论问题为突破口,展开对布哈林等经济学家进行批判为起点,1930年在哲学领域开始了对德波林的批判,1931年分别在史学领域和文学领域展开了批判。随着在史学领域的批判,对历史学家的著作进行了大清理,凡被认为有违斯大林《给"无产阶级革命"杂志编辑部的信》之精神的,一律进行查禁和封存;对凡同主要批判对象——年轻史学家斯卢茨基有牵连的学者,给予了各种各样的行政处分,斯卢茨基则被开除党籍和公职;发表斯卢茨基文章的《无产阶级革命》杂志被勒令停刊整顿一年,编辑部被改组。在文学领域,则解散了包括最大文学团体"拉普"在内的所有文学艺术团体,③停办这些团体所办的一切刊物;批判了几乎所有这些被解散的文艺团体的主要领导人和作家。④

第二个高潮期,20世纪30年代中后期,是意识形态的"大清洗"时期。这个时期不仅在各个人文社会科学领域发起批判,在史学界就历史教科书问题批判了波克洛夫斯基学派,在文艺界批判了形式主义,而且在自然科学技术领域也展

---

① 在1930年10月,共产主义科学院召开会议,讨论"关于哲学战线的分歧"问题。斯大林在会上即明确表示,在社会科学中只能有一个领袖,这个领袖就是担任政治领袖的人。参见沃尔科戈诺夫:《斯大林》(中),世界知识出版社2001年版,第497页。这个人是非斯大林莫属了。
② 关于"斯大林时期苏联意识形态批判和斗争的高潮期"这一部分,转引自马龙闪:《苏共意识形态为什么会发生"一夜之变"》,《探索与争鸣》2007年第6期。
③ 参见本章附录5——笔者。
④ 参见本章附录6——笔者。

开了批判。批判规模之大、范围之广,涉及各个领域、各个部门的学者专家和文化人。这期间集中对"大转变"时期被批判的各学派、团体、艺术流派及其代表人物和骨干分子,进行了总清算、大清洗和刑事、行政处分,其中一些著名专家学者还遭逮捕,死于不白之冤。

第三个高潮期,二战后的1946—1952年。其间,联共(布)中央分别就《星》和《列宁格勒》杂志、电影、戏剧和音乐做出了一连串决议,分别在文化艺术界展开了声势浩大的批判,揪出了一个所谓的"反爱国主义的戏剧家集团"。在哲学界批评了亚历山德洛夫的《西欧哲学史》,在生物学界批判了摩尔根生物遗传学。此外,还进行了语言学、法学和政治经济学等领域的学科批判,等等。在上述三个意识形态批判高潮之间的空档或过渡阶段,还贯穿着大大小小的批判事件,比如,就在战争刚刚经过生死决战的1944年,在史学界展开了对《哈萨克斯坦史》的批判,从而导致哈萨克斯坦一批史学家蒙受不白之冤。

可以说,上述批判和斗争中始终贯穿的一条红线,即推倒旧权威、树立新权威,这个新权威就是斯大林的理论权威。当然,树立斯大林的理论权威并不是一句空话,而要具体体现在一系列的理论问题上。所以,通过这一连串大批判,最终是要确立斯大林提出或认可的思想理论范式。

斯大林奠定的这种意识形态"大批判"模式,在赫鲁晓夫时期遭到了相当的冲击,在勃列日涅夫时期又有一定程度的恢复。这期间虽然已没有斯大林时期的大规模的政治批判运动,但对各种所谓错误的理论和学派,如"新商品学派""多种经济成分论"等,都进行了大大小小的连续不断的批判。勃列日涅夫时期虽没有采取20世纪三四十年代那种大规模的群众性镇压,但行政制裁和特定镇压措施从未中断,某些处理意识形态工作的方法和手段,又退回到了1953年以前的传统做法。这也不奇怪,因为勃列日涅夫时期距斯大林时期并不遥远,这个时期的许多干部特别是高级干部,大多还是那个时代成长起来的,许多机制和传统都还保留了下来。只是经过赫鲁晓夫时期对个人崇拜的批判和揭露,这时的领导人已不愿、也不敢再承担那种血腥镇压的责任了。不仅政治领导人不愿这样做,就连安全部门的领导人也害怕再把自己同贝利亚或叶若夫钉在同一根耻辱柱上。但是面对思想文化界的活跃和一些人的"不轨"行为,仅用党内追究、开除党籍、剥夺公职,又不足以威慑所有人。这样,就需要采取介乎行政处分和个人崇拜时期大规模镇压之间的某些中间手段。在勃列日涅夫时期,这些手段得到了某些发展,比如,社会隔离、精神治疗、驱逐出国、剥夺国籍等。这些措施比逮捕、审判要精致讲究,也更有效,也波及较广的范围。勃列日涅夫时期对待官方认为的"不轨行为"和持不同政见者,除对少数人加以逮捕、关押之外,大多采取了上述诸种手段。

总而言之,斯大林开创的这种大批判和以行政高压、文化专制主义为手段处理意识形态问题的方法,在相当长的一段时间里,是苏共进行意识形态控制的主要形式。

三、用"教科书"统一思想

教科书对教育人民尤其是青少年,对统一人们的思想认识作用非常大。从20世纪30年代起,在意识形态各个领域开展"批判"运动以后,"旧"的破了,需要"立"一套新的观念和方法,就是建立一套意识形态管控的规范。编写统一口径的教科书,把官方的意识形态贯彻到教科书中,再通过教科书灌输给广大青少年,这不啻是一条简便而有效的途径。

苏共十分重视历史教科书的编写。1934年5月,苏联人民委员会和联共(布)中央决定,在一年内统一编纂"古代史""中世纪史""近代史""苏联史"四本历史教科书,作为统编教材,进驻各类学校。是年8月,斯大林、基洛夫、日丹诺夫三人联名对两本教科书编写纲要提出"意见书",强调教科书要贯彻执政的苏联共产党的思想和路线。斯大林特别关心党史教科书的编写。1937年,《布尔什维克》杂志第9期刊登了斯大林给联共(布)历史教科书编者们的一封信,强调党史要把重点放在"同党内各种派别和集团的反布尔什维主义倾向的斗争上",突出这一"重点",就是要把党的历史归结为"派别斗争"和"路线斗争"的历史。斯大林还亲自开列了《联共(布)党史》编写提纲。1938年,由斯大林亲自主持审定的《联共(布)党史简明教程》出版,这本书号称"马克思列宁主义基础的百科全书",实际上却是一本以历史教科书面目出现的政治理论读本。① 它的功效有三:第一,通过对历史的歪曲和篡改,为斯大林树起在联共(布)历史上与列宁并列的地位;第二,为斯大林的社会主义模式及其思想理论体系提供一个标准教本,包括斯大林将自己所著《论辩证唯物主义和历史唯物主义》一文作为《联共(布)党史简明教程》的一个章节全文发表,以增加其权威性;第三,为苏共历史上的重大事件和重要人物定评,其评价的标准完全服从于"政治需要"和斯大林的个人意志。在《联共(布)党史简明教程》中,人们看到,在布尔什维克色彩斑斓的全部历史中,只留下两个"神",即列宁和斯大林,主宰一切,而所有反对派人物都是一群"鬼",如托洛茨基、季诺维也夫、加米涅夫、布哈林等。一部党史教科书里唯独没有"人"。《联共(布)党史简明教程》一出版,联共(布)中央和共产国际执委会即发出通知,要求联共(布)全体党员和各国共产党都要认真学习,并将其作为理解和领会苏共历史和马克思列宁主义基本理论的范本。

这本内容上有很多谬误、但在叙述上却通俗易懂的教科书,很快成为苏共党员、大专院校学生、党的思想政治教育工作者必读的一本书,单单在苏联就印行了4 300万册,实际上成了对亿万苏联人民进行意识形态规范教育的"经典"。正如学者所言:"在30年代形成的对苏联人民进行教育的整个体系中,这本书占据了中心位置。"②

第三节 意识形态工作机制的运行特点

鉴于意识形态对苏共执政的极端重要性,在苏联,意识形态渗透到社会生活的各个方面,存在着用意识形态干预一切的政治现象,而这正是苏共意识形态工作机制的运行特点。这种干预自列宁逝世以后就明显地表现出来,而且愈演愈烈。用意识形态干预一切,貌似重视意识形态,实则严重扭曲了意识形态的功能,致使意识形态日益阻滞了社会的发展。

---

① 周尚文:《史学的困顿——论"历史热"在苏联解体中的作用》,《上海行政学院学报》2005年第3期。
② [俄]德·沃尔科戈诺夫:《斯大林》(中),世界知识出版社2001年版,第460页。

一、开展"造神"运动

　　苏共开展"造神"运动,将作为指导思想的科学理论变成僵硬的教条和空洞的口号,并通过各种方式使之成为民众的信条。历任苏共领导人都明白意识形态的重要性,只要争得了意识形态主导权,就能成为党和国家的最高权威,也就拥有了对党和国家的最高控制权,尤其在转折关头,因此都要争得意识形态的主导权。列宁逝世时,党政领导集体以及列宁本人生前都没有设想要指定某人为接班人。所以当列宁 1924 年 1 月逝世以后一段时间内,党和国家处于最高领袖"空位"时期。争夺这个位置很重要的一条,要看谁能够成为列宁的"忠诚"的学生、列宁主义的"权威"和"正统"的诠释者。为此,围绕着纪念列宁,连篇累牍地召开了各种纪念会、宣誓会,用各种赞词歌颂列宁;列宁生前,"列宁主义"这一概念并不流行。在悼念列宁时,人们试图对列宁的理论贡献做出概括,"列宁主义"的概念便流行起来。在此期间,斯大林表现十分突出,他带头向逝者宣誓效忠,颂扬列宁是"革命天才","不仅是俄国无产阶级的领袖,不仅是欧洲工人的领袖,不仅是殖民地东方的领袖,而且是全球整个劳动世界的领袖"。[①] 前文已述,斯大林对列宁主义所下的定义"列宁主义是帝国主义和无产阶级革命时代的马克思主义""列宁主义就是世界各国无产者的国际学说,对于世界各国——其中也包括那些资本主义发达国家——毫无例外地都是适用而且是必要的学说",将列宁主义在时空两个维度上无限扩大、延伸和泛化。表面上看,斯大林"神话"了列宁,使列宁的权威和威望空前提高了,但实际上却抽掉了列宁主义活的灵魂,将列宁主义神圣化、教条化。而斯大林由此成了列宁主义事业最忠实、最可信赖的继承人,不仅如此,在"保卫列宁主义"的旗号下,斯大林将托洛茨基、季诺维也夫、布哈林等人一一打垮。斯大林不仅获得了主流意识形态(列宁主义)的传承权和解释权,也获得了党和国家的最高领袖的桂冠。而列宁主义的理论一旦被神化,必然失去科学性和与时俱进的理论品质,而逐渐蜕变为统治者手中的理论

[①] 《斯大林全集》第 6 卷,人民出版社 1956 年版,第 55、46 页。

教条。

20世纪20年代末期以后,斯大林的理论、路线已经占了主导地位,他的有关言论和理论成了裁定是非和敌我界限的唯一标准。例如,以优先发展重工业和军事工业,高速度、高积累为内涵的"超工业化"路线;以消灭"富裕农民"、强迫农民加入集体农庄的农业全盘集体化路线;以掠夺农民为工业化提供资金的"贡税论";[1]强调社会主义越接近胜利,阶级斗争就越趋尖锐的"阶级斗争尖锐化"理论;在思想文化领域内批判和清除一切非布尔什维主义倾向的作品;等等。随着斯大林最高领袖地位的确立,对斯大林个人崇拜之风迅速蔓延,意识形态领域科学和理性的因素大量泯灭,迷信和个人专断到处盛行。斯大林成了活着的"神",他的话就是"真理",他的意志就是"党的意志",卡冈诺维奇甚至当着斯大林的面说:"列宁又怎样!我们所有的人都在说列宁、列宁主义,应当用一个新的概念——斯大林主义来取代列宁。"[2]果然,1938年《联共(布)党史简明教程》出版,标志着已经"形成并确立斯大林主义意识形态的核心——斯大林的党史思想体系"。[3]可以认为,《联共(布)党史简明教程》的出版,标志着斯大林主义的意识形态、斯大林模式的最终确立。

二、追求意识形态的"纯而又纯"

为统一党内思想,联共(布)于1925年发动了一个布尔什维克化运动。在这场运动中出现了一些过激的、片面的和形而上学的口号,诸如,做"百分之百的布尔什维克",维护"百分之百的布尔什维主义思想纯洁性",捍卫"百分之百的意识形态的坚定性",等等。一时间,这些要求"百分之百"的口号漫天飞,弥漫全党上下,[4]俨然成为一种时尚。这一运动通过共产国际甚至影响到包括中共在内的

---

[1] 斯大林把压低农产品价格、提高工业品价格、扩大工农业产品的剪刀差为国家积累资金称为农民为工业化缴纳"贡税"。——笔者。
[2] 转引自赵永穆:《苏联共产党最后一个"反党"集团》,中国社会科学出版社1997年版,第927页。
[3] 《历史档案》1994年第5期,转引自陈之骅、吴恩远、马龙闪主编:《苏联兴亡史纲》,中国社会科学出版社2004年版,第249页。
[4] 郝宇青:《苏共缘何不能成为学习型政党?》,《马克思主义与现实》2010年第5期。

各国共产党,王明等人也自称是"百分之百的布尔什维克"。

其实,在联共(布)党内出现这一口号和思潮并非偶然。与"无产阶级文化派"提出的创造纯而又纯的"无产阶级文化","拉普"提出的"坚持"意识形态的"正统"是相通的。"无产阶级文化派"和"拉普"虽然受到了某种程度的批判,但这种形而上学的片面的极左思想和口号在党内却大有市场,得到了不少人包括高层领导人的响应和共鸣,或者说甚至就是党内一些人的思想的某种反映。所以,在布尔什维克化运动当中,要求"百分之百"的口号在一个时期竟成了党内占据主导地位的口号和思想。

这种极端口号的泛滥,曾引起老布尔什维克、教育人民委员卢那察尔斯基的严重担忧。他在1928年前后曾多次针对这些要求"百分之百纯洁性"的口号进行反驳。他发表的《从思想内容观点谈苏联电影产品》一文中,愤然写道:"我们的现实生活中有一个最野蛮的现象,这就是不断地要求'百分之百'。在文化革命的事业中,这个要求是十分有害的。"同年,他在同一个苏联电影界领导人谈到应介绍外国优秀作品时指出:"我总是很担心,我们一些人现在表现出来的片面性——要求百分之百意识形态的坚定性,会给我们的电影带来毁灭性的打击。"[①]其实,这种要求意识形态百分之百的纯洁性,并将这种纯洁性摆在高于一切的地位,不仅会给文化艺术带来损害,同样会损害整个思想理论界,损害整个党的事业。

从表面上看,要求意识形态的纯洁性,坚持马克思主义的正统,似乎是忠于马克思主义的,没有什么错。但实际上,这种要求思想"百分之百的纯洁性",要求坚持"正统"的口号是形而上学的,它包含着严重的矛盾和错误。任何一种理论,包括马克思主义,其基本原理和原则并非一经提出就一劳永逸、一成不变,而是随着时间、地点和具体条件的变化而变化。"百分之百的纯洁性",不符合客观事物的内在本质。"金无足赤",可触可摸的具体事物尚且如此,而抽象不可触摸的事物,如思想,如意识形态者,哪能具有"百分之百纯洁性"。马克思、恩格斯早

---

① 转引自[俄]日尔科夫:《19—20世纪俄罗斯书报检查制度史》,2001年俄文版,第251、252页。

在《共产党宣言》1872年德文版序言中就指出:"这些原理的实际运用……随时随地都要以当时的历史条件为转移。"①马克思主义的原理、原则随时间、地点和具体条件的变化而有所不同,这怎么会有衡量"百分之百纯洁性"的标准? 这种"百分之百的纯洁性"的要求,加上坚持"正统"的要求,更由于当时联共(布)党内干部和一般党员文化和理论水平普遍不高,很容易造成口头和字面上"百分之百的纯洁性"和"正统性",只能注经、读经式地解读马克思主义著作,而离开了运用马克思主义原理和原则的具体条件,这样一味追求"纯洁""正统",必然会导致马克思列宁主义的教条化。苏共日后思想理论和意识形态日益迟钝,体制日益封闭僵化,社会生活一片沉寂,窒息了生机和活力,都与这一点密切相联。

本来,马克思主义是在吸收人类思想文化的一切优秀成果的基础上产生的,它对科学技术的进步、生产的发展、社会的变迁、思想文化的嬗变,对一切传统文化和外来文化,都采取科学的分析的态度。马克思主义作为无产阶级的思想体系,自然是与资产阶级思想体系相对立的。但是,马克思主义经典作家一方面坚决与一切资产阶级、小资产阶级划清界限,揭露这些思想的虚伪性及其阶级实质,另一方面在论战中同样采取极为严格的科学态度,充分说理,绝不采取简单的否定一切的态度。

但是,到斯大林时期,在追求意识形态"纯洁性"的名义下,不仅拒绝一切来自西方的社会政治思潮,还拒绝西方先进的科学技术,甚至把社会学、政治学等学科打成"伪科学",在大学里取消这些学科。为了确立以斯大林主义为主导的官方意识形态,开展了一系列大批判运动,不仅要求与一切剥削阶级意识形态划清界限,还要求同一切中间阶级的、小资产阶级的思潮划清界限,特别要求同社会民主主义思潮划清界限,甚至将第二国际时期著名左派罗莎·卢森堡的一些理论主张说成是社会民主主义和孟什维克主义的主张,加以批判和清算。

二战后,主管意识形态工作的日丹诺夫更是变本加厉,提出了所谓的"现代资产阶级文化全面腐朽论",主张清除西方资产阶级的一切影响,把反对"世界主

---

① 《马克思恩格斯选集》第1卷,人民出版社1995年版,第248页。

义"作为意识形态批判运动的重要题目,并以此作为打击文化人和知识分子的工具。①

三、运用意识形态批判

苏共运用意识形态批判,压制政界和学术文化界不同意见,扼杀学术争鸣和理论创新。

首先,斯大林是通过打倒党内各种反对派成为全党领袖的,因此他对党内不同意见有特殊的政治敏感。斯大林容不得党内任何不同意见,一出现不同意见,必将其代表人物打成反对派或阶级敌人。经过多年批判托洛茨基反对派、"新反对派"和布哈林"右倾机会主义"的斗争,一些革命前入党的老布尔什维克领导人、列宁的战友尽被打倒。这种矛头对准党内反对派的批判斗争,从1923年年底一直几乎不间断地进行到20世纪30年代中后期的"大清洗",从思想批判直到肉体批判——人身消灭为止。党内不允许有不同意见,党内民主生活必然被废止,如罗莎·卢森堡所言:"没有自由的意见交锋,任何公共机构的生命就要逐渐灭绝,就成为没有灵魂的生活,只有官僚仍是其中唯一的活动因素。"②

其次,批判锋芒指向学术文化界有独立见解的学派、流派和个人。斯大林只允许一种学派、一种艺术流派、一种观点的存在,这种被允许存在的就是斯大林学派。他要求人文社会科学界,一律遵照《联共(布)党史简明教程》的观点进行宣传和开展研究,不许有半点忤逆。在哲学领域,大规模地批判德波林学派,同时扶持了以米丁为首的"斯大林学派";在史学领域,批判了老布尔什维克、马克思主义史学家波克罗夫斯基及其学派,支持了以雅罗斯拉夫斯基为首的一批"紧跟派"史学家;在文艺领域,对所有其他流派和派别都进行了无情批判,倡导"社会主义现实主义";自然科学领域也在意识形态批判之列,从20世纪30年代起,斯大林就怀疑摩尔根生物遗传学派,到二战后时期专门对它发动了大规模批判,

---

① 周尚文等:《苏共执政模式研究》,上海人民出版社2010年版,第207页。
② 《卢森堡文选》下卷,人民出版社1990年版,第503页。

与此同时,大树特树李森科这个伪科学生物学派。此外,对不合斯大林心意的文艺家,如作家左琴科、诗人阿赫玛托娃和交响乐作曲家肖斯塔科维奇,以及一大批犹太人戏剧批评家、医生和科学家等无可计数的人,都进行了批判和整肃。事实表明,这些批判都变了味,完全违背了马克思主义的革命批判精神。马克思主义的批判应是充满科学精神的,而这些批判根本没有什么科学精神可言;马克思主义的批判应是洋溢革命创新精神的,而这些批判除了要投斯大林个人所好之外,也根本谈不上有什么革命创新可言。这些批判形式上是极左,实质上是凝固僵化和保守的教条主义。二战以后,苏共在意识形态领域的批判陷入主观武断,标志是把20世纪最伟大的科学发现相对论和量子力学也斥为资产阶级的伪科学,可见此时的意识形态"批判"已经没有科学性和革命性。

再次,斯大林还有一个心迹,即要树立他在马克思主义思想史上除马克思、列宁以外的第三位理论权威的地位。在1930年12月9日接见以米丁为首的红色教授学院党支部委员会成员时的谈话中,斯大林指使米丁等人:"你们现在的任务是全面展开批判。展开攻击是主要问题。向各个方面展开攻击,在没有攻击过的地方展开攻击。"[①]并说,要批判揭露普列汉诺夫、尤什凯维奇、瓦连廷诺夫、布哈林等人,又说:"就是恩格斯也不是全都正确……如果这项工作在某个地方涉及恩格斯,那也不是坏事。"[②]这里,不难看出斯大林内心世界的追求。

20世纪20年代末,哲学家德波林及其学派就被第一个开刀,具体前文已述,哲学批判就是要"为斯大林攀登哲学奥林普山扫清道路"。其实,何止哲学领域的批判如此,所有批判都几乎是为了同一目的。对党内反对派的批判,也是为了打倒政敌,巩固和树立斯大林的政治权威;在史学领域的批判,大写特写斯大林的"丰功伟绩";对语言学和自然科学领域的批判,也都是为了树立斯大林无所不知、无所不能的理论权威形象。

此外,斯大林粗暴武断的批判风格,在他对历史学家斯卢茨基批判的做派中

---

① 《米丁笔记》,藏于苏共中央马克思列宁主义研究院中央党务档案馆(现名"俄罗斯现代文献保管和研究中心"),全宗17,目录120,卷宗24。
② 《米丁笔记》,藏于苏共中央马克思列宁主义研究院中央党务档案馆(现名"俄罗斯现代文献保管和研究中心"),全宗17,目录120,卷宗24。

充分表现了出来。20世纪30年代初,在关于第一次世界大战前列宁和布尔什维克党同德国社会民主党的关系问题上,斯卢茨基提出,一定程度而言,列宁在战前对考茨基中派主义的危险估计不足。这在当时属于比较正常的学术讨论,而且这样的意见也并非斯卢茨基一人。但是,1931年10月,斯大林给《无产阶级革命》杂志写信,对该杂志发表斯卢茨基此文提出了"坚决抗议",并给作者戴上了"反党""托洛茨基主义的伪造者"等一大堆政治帽子,认为该杂志编辑部刊登此文,是"犯了腐朽的自由主义"的错误。① 一系列整肃措施随即出台:勒令《无产阶级革命》杂志停刊一年,并改组编辑部;审查所有已出版和准备出版的历史著作;按照来信的精神清查一切史学机构;开除斯卢茨基的党籍和公职。这些措施也使成百上千的学者受到株连,共产主义科学院历史研究所以及同斯卢茨基有工作关系的学者受到全面审查,斯维尔德洛夫大学世界史教研室主任被解职,理由就是斯卢茨基在该校任课,难以计数的人被点名批判。外省的批判运动则更变本加厉。1932年初的一份报告中写道,在那里几乎"每一个写过历史著作的人都被指责为托洛茨基的私贩或纯粹的托洛茨基主义者"。② 这实际上是对全苏史学界的一场清洗。不仅如此,这种对学术界的整肃和清洗,很快由史学界蔓延到整个学术领域。

上述这些批判造成了严重的后果。从此全面封杀了老布尔什维克理论家的著作,党内对社会主义道路探索的各种观点全被归于非法,学术界也只能有一种声音,即唯有斯大林解释列宁著作的观点才是唯一"正确"的观点,于是苏联学术文化界出现万马齐喑的萧条景象。教条主义盛行,使马克思主义的批判功能发生蜕变。

四、意识形态渗透生活

苏共将意识形态渗透进整个国家的政治生活和社会日常生活。历经74年风风雨雨的苏联,不仅国家意识形态化,整个社会也高度意识形态化。由此,意识形态的地位与作用异乎寻常,既决定了苏共执政的路线、方针和政策,从而决

---

① 《斯大林全集》第13卷,人民出版社1956年版,第72—89页。
② [苏]《阶级斗争》杂志1932年第2—3期合刊,第12页。

定着苏联国家的发展方向和道路,因而对其态度的向背也就决定着党和国家最高领导人的去留和执政地位的牢固与否。

意识形态对苏共之所以如此重要,是因为意识形态是苏共执政最重要的合法性基础。苏共执政的最重要合法性资源,在于它所信奉的意识形态本身。苏共领导人确信,官方意识形态只要信奉并遵循马克思主义,就代表了人类社会的发展方向和客观规律,代表了工人阶级的根本利益,就一定能得到工人阶级和最广大人民的普遍拥护。所以,维护和遵循马克思主义的意识形态,就成了苏共执政合法性的最主要根据。

但是,什么是马克思主义,谁真正代表马克思主义,这就产生了对马克思主义的解释权问题。因此,谁最终掌握了对马克思主义的解释权,谁就代表马克思主义,谁也就因此而获得了执政的合法性。

列宁是苏共的创始人和奠基者,在新的历史条件下,他探索了一条由无产阶级政党在落后国家领导革命并取得胜利的道路,在此过程中形成了马克思主义俄国化的理论成果列宁主义。但毋庸讳言,由于列宁在社会主义条件下生活阅历太短,他对建设社会主义的理论探索还是初步的,不够也不可能完备。可是,当列宁主义被斯大林神圣化、教条化、简单化以后,一种现象产生了:在苏联,谁能掌握列宁主义的旗帜,谁就代表了列宁主义的正统,谁当权就具有了合法性。而且俄国本来就有重视意识形态的传统,加上列宁主义意识形态成了苏共执政合法性的唯一资源,因此,掌控列宁主义大旗,背诵和引用列宁语录,遂成为苏共执政过程中最重要的政治实践。斯大林熟谙这一套,尽管列宁晚年同他在民族问题、建立苏维埃国家联盟方案、外贸垄断和政治体制改革等一系列问题上存在重要分歧,甚至弄到列宁要同他断绝来往的地步,但他在列宁病重和逝世之后,仍牢牢抓住列宁和列宁主义的旗帜不放,并自称是"列宁的学生"。斯大林之所以这样做,正是为了得到意识形态宣传上的优势,为夺得和保持他的领袖地位提供保证。

20世纪20年代末期以后,斯大林的理论、路线既已占据上风,他有关界定社会主义制度的理论就无疑成了裁定大是大非和敌我界限的唯一标准。30年代中期高度集中的政治经济体制(即通称"斯大林模式")形成后,这种以掠夺农民为工业化提供资金来源、以优先发展重工业和军事工业为内涵的工业化,以消灭富农和建立集体农庄为内容的集体化,加上计划经济、产品交换,等等,就成为社会主义制度的主要标记。无论这种制度概念以及相应的理论观点同现实生活的发展如何相抵牾,但这种抽象和空洞的意识形态符号却是不可动摇的。特别到二战以后,现实生活发出了改革的呼声,但斯大林关于社会主义的概念不许丝毫改动,结果,农业和工业中一些改革的萌芽刚露头就遭到封杀。

在苏联,意识形态全面贯穿于政治生活,连社会日常生活的方方面面也渗透着浓厚的意识形态色彩,人们的生老病死、结婚仪式和生日送礼也涂上厚厚的一层意识形态色彩。结果,空话、套话、假话漫天飞,社会的角角落落到处都充满了意识形态的气息。在社会公共场合,政治词语、标语、口号到处可见。但对真正的社会症结问题,或竭力掩盖,或言不及义。结果是,社会和政治问题越积越多,危机越来越严重,走到了积重难返的地步。

第三章
苏共意识形态及其工作机制的功能

对于任何一种社会形态而言,意识形态均具有教化和控制功能。苏共的意识形态对于确立人们的共产主义世界观、人生观、价值观,对于统一人们的思想意识,对于建立和巩固社会主义政治秩序,发挥着一定的作用。特别是在苏俄建政初期,意识形态发挥了巨大的教化功能和能动作用。列宁和俄共(布)高举共产主义思想旗帜,充分发挥马克思主义作为"科学的意识形态"的强大教化功能,有效地巩固了苏维埃政权,维护了共产党的执政地位。苏共借助意识形态的教化和控制功能,通过思想教育和思想控制干预和控制公民的精神生活,并进而制造出了同质化的苏联社会表象;然而,在社会同质化的表象背后存在的却是现实社会的分化,而社会分化造成了严重的政治后果。

第一节 意识形态的教化功能

意识形态以一种世界观的形式出现,是减少其他制度安排的服务成本的最重要的一种制度安排。通过意识形态的教化,使人们相信意识形态所提供的世界观和方法论(包括各种许诺和理想目标),自然可以起到维护基本经济秩序和基本政治秩序的作用,[1]此即意识形态的教化功能。发挥意识形态的教化功能,

---

[1] 郝宇青:《苏联政治生活中的非制度化现象研究》,《华东师范大学博士论文》2003 年 5 月 1 日。

对于任何一个国家、任何一种制度而言,都是节约制度运行成本、维护制度稳定有序的有效方式。因此,任何一种类型的政权都离不开意识形态及其所提供的合法性的支持,都需要发挥意识形态的合法化功能,这就是:国家通过运用思想和文化手段塑造、影响民众的价值观念,从而使他们认可现存的政治和社会秩序,并自愿地服从国家的控制与管理。①毛泽东对意识形态的解读可谓是对意识形态的教化及其功能的高度浓缩:"社会意识形态是理论上再造出现实社会。"②意识形态合法性的支持对苏共尤为重要,甚至超过了其他社会政治制度下的政权。在理论层面上列宁充分肯定意识形态的功能,强调意识形态在推进无产阶级事业中的能动作用;取得政权以后列宁更加关注意识形态在巩固政权、维护执政合法性方面的巨大功能。因此列宁比他以前的马克思主义者都更加大力倡导党的思想理论和宣传教育工作,也比他们更重视意识形态工作。列宁之后的每一任苏共领导人皆把意识形态当作执政的头等大事。

根据唯物辩证法,社会意识形态是一定社会存在的反映。但意识形态具有相对的独立性,它对社会发展或者起推动或者起阻滞作用,它的发展同一个国家的经济发展也不总是平衡的。正是根据这样的原理,列宁十分重视以先进的科学的理论,即马克思主义的理论为指导,在俄国建立了新型的无产阶级革命政党,并依靠党的组织力量和马克思主义的理论力量,在经济文化落后的俄国演绎了一场史无前例的推翻资产阶级统治的社会主义革命,建立了世界上第一个社会主义国家。

建国之初俄共(布)面临的客观条件艰难、问题复杂,严酷的战争造成物质生活条件极端匮乏,就是在这样困难的条件下,俄共(布)带领工农大众建设新社会。面对如此薄弱的现实条件和基础,列宁和俄共(布)意识到必须充分发挥意识形态的教化功能和能动作用。因此,苏维埃国家一建立,面对建国初期异常险恶的内外环境,列宁和俄共(布)就十分重视意识形态工作,认为在意识形态问题上必须双管齐下,一是粉碎敌对势力对苏维埃政权的各种污蔑,二是在群众中开

---

① 郝宇青:《论苏共的意识形态合法性》,《社会科学研究》2005年第4期。
② 《毛泽东哲学批注集》,中央文献出版社1988年版,第210页。

展共产主义教育,树立马克思主义意识形态在国家和社会生活中的主导地位。俄共(布)通过对马克思主义意识形态广泛而深入的宣传、教育和灌输,使得俄共(布)的执政地位和社会主义、共产主义的目标和路径选择为俄国大多数劳动者所认同,许多人还加入了共产党和共青团,成为建设新社会的骨干和先进战士。正是依靠共产党员、共青团员的带头和全国人民坚韧不拔的努力,终于战胜了敌人,克服了巨大的困难,年轻的苏维埃共和国屹立在东方。这一切,彰显了科学的意识形态所具有的强大的教育、组织和动员功能,有力推动了苏维埃政权的初期建设。

首先,俄共(布)十分重视保护和发扬普通劳动者建设新社会的巨大热情。1919年,莫斯科—喀山铁路工人首倡开展"共产主义星期六义务劳动",得到各地工人的广泛响应,列宁充分肯定这一倡议,并称其为"伟大的创举"。在国内战争及其艰难的岁月里,无数共产党员、共青团员发扬不怕困难、不怕牺牲的革命英雄主义精神,成为苏共意识形态的一笔宝贵财富。小说《钢铁是怎样炼成的》曾在苏联时期风靡一时,历经苏维埃政权艰难岁月的小说主人公保尔·柯察金有一段名言说:"人最宝贵的是生命,生命对每一个人只有一次。人的一生应当这样度过:回忆往事,不会因为碌碌无为而愧疚,也不会因虚度年华而懊悔。这样,在临终的时候,他就能够说:'我已把自己的整个生命和全部精力献给了世界上最壮丽的事业——为人类的解放而斗争。'"[①]这段话在苏联流传极广,感人肺腑,千百万青年将其作为座右铭,充分显示了共产主义的思想理论、理想目标、精神境界的巨大感召力。

其次,俄共(布)十分重视对广大群众特别是青年一代开展社会主义、共产主义理想目标的教育。旧俄文化教育非常落后,文盲占全国人口的多数。列宁认识到,在一个文盲充斥的国家里是无法建设共产主义的。因此,苏维埃政权一建立,就十分重视文化教育事业的发展,努力提高全民族的文化素质。列宁指出,每个青年"只有受了现代教育,他才能建立共产主义社会,如果不受这种教育,共

---

① [苏]尼·阿·奥斯特洛夫斯基:《钢铁是怎样炼成的》,时代文艺出版社1998年版,第264页。

产主义仍然不过是一种愿望而已"。①列宁强调现代教育决不能像旧学校那样，把一大堆"无用的、累赘的、死的知识"去"塞满"青年学生的头脑，而应注重"与沸腾的实际生活"相结合，把青年一代培养成为"有教养和守纪律"的"个个都是有文化的，同时又都善于劳动"的共产主义建设者。

再次，俄共（布）坚持马克思主义的理论原理，正确对待人类思想文化成果，并随着实践的发展不断推进理论的发展。苏维埃政权成立之初，被推翻的昔日统治者及其仆从不甘于自己的失败，总要制造各种舆论诋毁新政权，旧官员也对新政权消极怠工，对苏维埃政权持反对态度的西方学者及第二国际的思想家们，也对苏俄进行污蔑。针对国内外敌对势力的反共思潮，列宁坚定不移地予以回击，捍卫马克思主义的原则性和纯洁性，保持马克思主义鲜明的批判性。同时作为执政党，必须制定正确的文化政策。20 世纪 20 年代初，有人主张对传统文化全盘否定，创立纯洁的"无产阶级文化"。对此，列宁予以严正的批评。他说，马克思主义"并没有抛弃资产阶级时代最宝贵的成就，相反却吸收和改造了 2000 多年来人类思想和文化发展中一切有价值的东西。只有在这个基础上，按照这个方向，在无产阶级专政（这是无产阶级反对一切剥削的最后的斗争）的实际经验的鼓舞下继续进行工作，才能认为是发展真正的无产阶级文化"。②

由于意识形态具有教化功能，在苏维埃政权初期，俄共（布）和列宁充分发挥了意识形态的这一正向功能，使意识形态在巩固新政权、教育人民、团结人民推进新社会建设中发挥了巨大的能动作用。更由于这一时期意识形态保持着与实际生活的紧密联系，使执政党能够根据形势变化正确决策，使社会保持生机活力，使人民群众得以凝聚在新政权周围，大大提高了俄共（布）的威信和执政能力。而且，苏共意识形态工作机制在苏联社会主义建设早期仍能高效运转，意识形态继续发挥着教化社会和民众的功能，从而成为苏联早期社会主义建设取得巨大成就的一个主要原因。

---

① 《列宁选集》第 4 卷，人民出版社 1995 年版，第 287 页。
② 《列宁选集》第 4 卷，人民出版社 1995 年版，第 299 页。

第二节　意识形态的控制功能
——干预和控制民众精神生活

一方面,意识形态具有正向的教化功能;另一方面,意识形态还具有控制功能。苏共正是借助意识形态的教化和控制功能,加强对苏联国家和社会的控制。这种控制是一种全方位的控制,对于作为社会构成基础的苏联公民个体而言,最根本、最重要也最直接的表现,就是对民众及其生活的干预。苏共对民众生活的干预和控制涉及两个领域,即民众外在的物质生活和内在的精神生活,就精神生活而言,苏共对民众有着很强的干预和控制倾向,干预和控制的主要手段是思想教育和思想控制。

一、主要手段:思想控制

苏共对苏联民众精神生活的干预和控制,蕴藏在其所推行的计划经济体制及其所坚持的具有"特殊主义"价值取向的分配原则中。根据计划经济体制的制度安排和特殊主义原则,民众只要听话、顺从,按照苏共的要求行事,就能获得一定的物质利益;反之,如果民众有自己独立的思想或者仅仅表现出思想独立的倾向,轻则物质利益受损,重则人身安全得不到保障。为了活得更好或者仅仅是为了活着,很多人被迫只能做思想上的顺从者。苏联历史学家、著名的持不同政见者若列斯·麦德维杰夫在考察苏联政权统治方式后指出,苏联政权"不是建筑在宗教、经济或君主制度的基础上,而是建筑在社会主义的政治思想原则上"的。[①]这种说法一定程度上道出了苏共干预和控制民众精神生活的倾向。

苏共对民众精神生活进行干预和控制,一个重要原因即在于苏共的意识形态强调"结果上的平等",而结果平等只能是一种主观意志论,只能通过人为达到。为了达到结果的平等,作为代价,"个人不能再提出任何要求",他没有个人

---

① [俄]若列斯·麦德维杰夫:《并非军备竞赛毁灭了苏联》,《当代世界社会主义问题》1999年第1期。

权利,"他的个人和他的全部权力"都已融合在国家总的意志之中。只有通过削弱自我,他在虚幻的国家共同体中才有可能实现平等。①

苏共对苏联民众的精神生活进行干预和控制,其目的主要在于为自身的统治持续获得合法性。前文已述,无论何种性质的政权都需要意识形态合法性的辩护和支持,对于苏共而言这一需求则更为迫切。因为苏共的意识形态是一种超前的政治文化,其与苏联落后的社会现实之间形成巨大的反差,为了尽快缩小这一差距,苏共认为必须调动一切社会力量以实施赶超型经济发展战略,这就决定了苏共必须加强对民众精神生活的干预和控制,即借助于意识形态的教化和控制功能达到上述目的。

苏共对民众精神生活的干预和控制手法主要是两手。其一,苏共把自身的意识形态特别是政党伦理"扩大化",将其推广至全体苏联民众,也就是说,苏共的政党伦理作为党员的行为准则,本应只对党员具有约束力,但是苏共在实践中却把它扩大作为全体民众的行为准则,这样就对全体民众都具有了约束力。其二,苏共在思想领域基本不允许有不同思想存在,要求达到整齐划一。对此,法国作家纪德曾指出,对于苏联民众来说,"党给你许多利益,只要求你服从一切,再不要有自己的思想?为什么要有思想呢(尤其要有自己的思想呢),既然说过了一切都进行得很好的?有自己的思想,这马上就要成为'反革命分子'。那时就有资格到西伯利亚去了"。② 在谈到苏共发展少数民族语言的动机和目的时,卡尔·兰道尔说,虽然苏共是"真心诚意、实实在在地帮助各少数民族发展他们的文化技能……但是他们非常现实,懂得对少数民族进行技术教育和共产主义思想灌输时,用他们本民族的语言要比讲俄语有效得多"。与此同时,"布尔什维克给予各少数民族的文化自主权的意义非常有限,因为这种自主权不适用于文化所含的内容。少数民族被授予选择用什么手段表达他们思想的权利,却没有独立构成自己思想的权利"。③

---

① [美]丹尼尔·贝尔:《后工业社会的来临——对社会预测的一项探索》,新华出版社1997年版,第477页。
② [法]安德烈·纪德:《从苏联归来》,辽宁教育出版社1999年版,第97页。
③ [美]卡尔·兰道尔:《欧洲社会主义思想与运动史》(下卷),商务印书馆1994年版,第8—9页。

二、思想控制：介入意识行业

在控制民众和社会的诸种手段——思想控制、经济控制、社会流动控制以及利用克格勃①和告密者等——当中，思想教育和思想控制是苏共利用意识形态干预和控制民众精神生活的主要手段。与克格勃高压之下的预防控制相比，思想控制是和风细雨式的，起到温情脉脉的教化作用，主要的方法和渠道包括教育工作、群众性的宣传工作和消除对抗思想，等等，这些方法和手段运用范围很广。具体而言，苏共采取的思想控制手段正如英国马克思主义政治学家拉·密利本德所言，任何国家都会"大规模地介入意识行业，从而在作为阶级斗争重要组成部分的、持久的思想战中发挥自己的作用"。② 换句话说，介入意识行业是苏共实施思想控制最主要的手法。

苏共介入意识行业主要通过两条途径：

其一，为民众提供思想资源（过程控制）。为民众提供思想资源属于思想控制手段中的过程控制，主要通过"灌输"来实现。列宁和同时期的俄共（布）领导人对此都非常重视。列宁在其"文化革命"思想中指出，为了使包括无产阶级先进分子在内的全体人民群众都能够接受和掌握马克思主义世界观，就要借助政权的力量向人们描绘和灌输共产主义的美好理想和前景。布哈林相比列宁又往前跨了一步，提出把苏维埃文化模式制度化的途径就是通过强制手段。他在《过渡时期经济学》中指出："无产阶级的各种形式的强制，从枪毙到劳动义务制都是，不管听起来多么离奇，一种把资本主义时代的人培养成共

---

① 在苏联的全部历史中，政治警察机关的名称历经变化。按照时间顺序，其名称分别有：全俄肃反委员会（1917年12月—1922年2月）、国家政治保卫局（1922年2月—1923年11月）、国家政治保卫总局（1923年11月—1934年7月）、国家安全总局－内务人民委员部（1934年7月—1941年2月）、国家安全人民委员部（1941年2月—1946年3月）、国家安全部（1946年3月—1953年3月）、内务部（1946年3月—1991年12月）和国家安全委员会（即克格勃，1954年3月—1991年12月）等。（参见约翰·巴伦：《克格勃——苏联秘密警察全貌》，辽宁人民出版社1985年版，第467—472页；列昂尼德·姆列钦：《历届克格勃主席的命运》，新华出版社2001年版，第811—812页。）因此从严格意义上说，苏联国家安全委员会（克格勃）并不能涵盖所有的苏联政治警察机关，它只是最后才得以固定下来的一个名称，但在实际生活中，克格勃已成为苏联政治警察机关的代名词。在这里，为行文方便，笔者多使用"克格勃"一词，泛指苏联时期所有的政治警察机关，个别地方例外——笔者。
② [英]拉尔夫·密利本德：《马克思主义与政治学》，商务印书馆1984年版，第62页。

产主义的人类的方法。"①在苏维埃社会主义革命问题上,托洛茨基和列宁、布哈林观点一致,提出苏维埃文化要和俄国原有文化实行"决裂",他说:"实质上,革命意味着人民与亚细亚方式、与17世纪、与神圣的俄罗斯、与圣像和蟑螂的彻底决裂;革命不是向彼得之前时代的回归,恰恰相反,是使全体人民接触文明的运动,是根据人们的利益对文明的物质基础的改革。"②同过去文化决裂,其目的在于建立全新的苏维埃文化,并确立苏维埃文化的主导地位。

之后的苏共领导人也都非常强调对意识行业的介入,尽管具体做法不尽相同。例如,赫鲁晓夫把使"千百万人"形成马克思主义科学世界观和"确立共产主义的社会关系"作为思想政治任务。③ 而勃列日涅夫的做法是,让民众学习他本人的著作。美国学者塞维林·比亚勒指出:勃列日涅夫的讲话和文集,"一版就出了五十万册,与此同时,他全部的出版物起码已达到七百万册的巨大数字,并为党的教育系统所学习"。④ 因此,从上到下的宣传和鼓动就成为苏共进行灌输的主要手段,而接受和认同灌输的内容就成为苏联民众的正当的义务。对此纪德的评论切中肯綮:"每天早晨,《真理报》教他们以合宜知道、合宜思想、合宜相信的事情。超出这个以外,是不好的!以致人们每次同一个俄国人谈话,恰像同所有俄国人谈话一般。"苏联的教育"只教那些足使人的精神庆贺现状并称颂'福哉,苏联,唯一有希望的!'的东西。这文化都朝着一个方向……这文化却差不多完全缺乏批评精神"。⑤ 中国苏俄问题专家闻一也曾对灌输的形式及其后果指出,"寻找、树立和推广'榜样的力量'"是苏俄宣传鼓动工作的"一根红线","一切文艺形式中,一切文化样式中,正面的、无缺点和问题的、英雄的人物就是光辉的主人公,而社会则划分为两级,阶级决斗为两个阵营,意识形态也绝对的敌我相向、水火不容。由是产生了苏维埃文化的另一属性:它对执政者和最高权力的

---

① 转引自郑异凡:《还原列宁、布哈林的共产革命思想——评列宁批注本〈过渡时期经济学〉》,《探索与争鸣》2017年第6期。
② [苏]托洛茨基:《文学与革命》,外国文学出版社1992年版,第80页。
③ 马龙闪:《苏联剧变的文化透视》,中国社会科学出版社2005年版,第27页。
④ [美]塞维林·比亚勒:《苏联的稳定与变迁》,新华出版社1984年版,第8页。
⑤ [法]安德烈·纪德:《从苏联归来》,辽宁教育出版社1999年版,第34、35页。

绝对依附和服从。一切为了苏维埃国家的利益、为了无产阶级专政的利益、为了社会主义和共产主义的利益。爱社会主义和崇奉国际主义,就得爱和崇奉苏联及其社会制度,而爱和崇奉苏联及其社会制度,就得爱和崇奉这个国家的领袖并跟随他们亦步亦趋"。①

为了确保自身向民众提供的思想资源能够发挥效用,苏共不惜采取将民众与外界隔绝的措施。就此有学者曾经描绘道:"苏联自十月革命后就几乎是一个同外界隔绝的社会,而自20年代下半期之后就变成了一个孤立于世界之外,几乎完全封闭的国家。不仅同国外缺少人员交往,甚至连国外的书刊资料、科学文献也被严加封锁。加上苏联公民同来访外国人的接触又严遭限制,实际上在苏联,除国内极少数政界和科学文化界最上层人士对国外多少有所了解外,广大群众视外国犹如天外世界"。② 苏共将民众与外界隔绝,其根本目的就是不让民众得到任何国外的知识和信息,从而全盘接受苏共的宣传和灌输——苏联是世界上最美好的国家。由于对外国事物无知无感,民众就会盲目自信、夜郎自大。例如,纪德在苏联访问期间曾和一位苏联公民谈到关于学习外国语有无必要这一问题,那位苏联公民就"自豪"地说:"几年以前,德国和美国还有几点可以给我们学习,但现在我们无须向外国人学习什么了。那么,说外国话有什么好处呢?"从中纪德体悟到,"唯有细心隔绝同外界一切交通这个方法(我所指的外界,乃是国境以外)",才能让民众对自己的生存状态感到满意并有一种幸福感。纪德接着不无揶揄地写道,"感谢这个方法,所以在相等的甚至显然低下的生活条件之下,俄国工人也自以为比法国工人更加幸福,甚至更加幸福得多。俄国工人的幸福是由希望、信任和无知构成的"。③

从另外一个角度看,苏共和苏联国家之所以能够为民众提供思想资源,则是因为它垄断着思想和文化,甚至垄断着思想的发明权。这种垄断带来的后果,恰如麦德维杰夫所说的那样:"要求人们虚伪、顺应、愚蠢和装傻,不断玩弄那种令

---

① 闻一:《苏维埃文化现象随笔》,江西人民出版社2006年版,"序"第1—2页。
② 马龙闪:《苏联剧变的文化透视》,中国社会科学出版社2005年版,第262—263页。
③ [法]安德烈·纪德:《从苏联归来》,辽宁教育出版社1999年版,第36、35页。

人哭笑不得的、宗教意识般的、普遍宣誓效忠的把戏。"①

其二,介入意识行业的生产和再生产过程(事前控制)。相较于为民众提供思想资源这种过程控制,介入意识行业的生产和再生产属于事前控制。对意识行业的生产和再生产进行介入的方式各不相同,惯常做法是,党为意识行业的生产和再生产制定路线与标准。斯大林时期苏共对文学和艺术创作进行干预,对此德国学者沃·莱昂哈德曾指出:"作家和艺术家隶属于党的机构,受'社会主义现实主义'的约束,成了党的助手,而且要受'文化干部'的管制。小说、诗歌、绘画、歌剧和交响乐要接受经常吹毛求疵的检查机关的检查,作家和艺术家有义务随时在他们的著作、剧本和电影中把经常变换的党的路线表现出来,在这方面,斯大林经常亲自直接插手干涉文学和艺术创作。"②纪德也指出,"在苏联,一件作品无论如何美,若不是在路线之内,就要受排斥的。一个艺术家无论如何天才,若不是在路线之中工作,公众的注意就要从他转移开去,或被别人从他引开去:人们所求于艺术家,所求于作家的,是要他随声附和;做到这点以后,其余一切都可以给他了"。③ 从中可以看出斯大林时期对文学和艺术创作领域的干预,而对于那些和现实政治关系密切的科学领域的干预则更甚于此。这种干预一直持续至后斯大林时期。例如,1971 年 12 月在向苏联各高等教育研究机构社会科学学科负责人所作的一次讲话中,苏共中央书记 M. A. 苏斯洛夫直接指出,社会科学及其工作者应当运用马克思列宁主义的正确方法、提供正确思想的职责:"社会科学在共产主义建设中的富有成果的发展和有效的利用的最重要条件,是这些科学忠实于马克思列宁主义的方法论",它们必须帮助加强"对所有苏联学生的马克思列宁主义锻炼"。④

除了上述惯常做法,苏共同时还采取另外一种方式介入意识行业的生产和

---

① [俄]罗伊·麦德维杰夫等:《苏联持不同政见者论文选译》,外文出版局 1980 年版,第 284 页。
② [德]沃·莱昂哈德:《列宁是否对斯大林主义负有责任?——一位时代见证人的个人分析》,李宗禹主编:《国外学者论斯大林模式》(下),中央编译出版社 1995 年版,第 961 页。
③ [法]安德烈·纪德:《从苏联归来》,辽宁教育出版社 1999 年,第 54 页。
④ 转引自[美]默里·雅诺维奇、韦斯利·费希尔编:《苏联社会阶层的形成与变动》,上海人民出版社 1976 年版,第 340 页。

再生产,即实行严厉的书报检查制度。前文已述,该制度建立于十月革命胜利之初,迫于俄国当时所处的复杂而严峻的国内外环境和社会政治条件,列宁和俄共(布)不得不做出这一选择。但是该制度对取缔书报出版物设定的界限过于宽泛和严厉,且在制度执行过程中存在失当之处。例如,尽管列宁在签署的第一个《关于出版的法令》中指出,查禁取缔一些出版物只是临时性的紧急措施,并做出了一旦新社会秩序得以巩固,就将撤销这方面的一切行政管制,给予出版物以充分自由的承诺,但是到后来,书报检查制度非但没有撤销,反而变得制度化了。[①]为此苏共在1922年6月成立了一个专门机构——图书文献和出版事业管理总局(简称出版总局),承担书报检查职能。苏共还专门出台了三份主要文件,对出版总局的地位、性质、任务以及实施书报检查的原则分别做出了明确规定[详见《图书文献和出版事业管理总局及其地方机构的权利和义务》(1922年12月通过)、《俄罗斯联邦人民教育委员部章程》(1925年10月通过)和《俄罗斯联邦图书文献和出版事业管理总局及其地方机构章程》(1931年6月通过),等等]。

关于苏联书报检查制度的具体运作过程,俄国学者 A. B. 布柳姆将其概括为五个层次的五种过滤机制:第一个层级是自我检查,即作者根据历次"大批判"和思想整肃运动形成的意识形态标准,在写作之前和写作过程中实行自我的内省检查;第二个层级是在编辑文稿过程中实施的思想政治审查;第三个层级是由编辑部或出版社送上级专门检查机关,即出版总局进行事前检查和事后检查;第四个层级是经由国家机关的惩治性检查,具体实施机关是政治保安局系统的政治监督司,后来则是克格勃的第五局;第五个层级是由党的领导进行最后的意识形态审查。[②] 经由这种严格的书报检查制度的五层审查和过滤,最后得以幸存下来的作品该有多符合"马克思列宁主义"标准自无须多言;反之,一切被认为是反马克思列宁主义的异己思想也将不可能存在。由此,书报检查制度遂成为

[①] 郝宇青:《苏联国家控制社会的手段论析》,《俄罗斯中亚东欧研究》2007年第5期。
[②] [俄] A. B. 布柳姆:《全面恐怖时代的苏联书报检查制度(1929—1953)》,转引自马龙闪:《苏联剧变的文化透视》,中国社会科学出版社2005年版,第382页。

苏共介入意识行业的强有力工具。

综上，介入意识行业的生产和再生产与为民众提供思想资源，是苏共对苏联民众进行思想控制的两大最主要手段，此外还有其他手段，如实行邮政检查、电话监听等违反通信自由的措施。[①] 上述种种控制手段和方法对于控制苏联民众思想均发挥了有力作用。

苏共通过对民众的精神生活（和物质生活）进行干预和控制进而控制苏联社会，这点在俄共（布）建政之初表现得特别明显，这种做法在当时也有一定的历史合理性。因为当时的整个社会形势极为混乱，人们迫切需要有一个稳定的社会政治秩序，而要建立起秩序就必须有强有力的控制。随着时间的推移和社会条件的好转，这种干预和控制的合理性在逐步消解，但是实践中苏共对民众精神生活的干预和控制却并没有放松，由此造成了严重的社会政治后果，即民众对苏共和苏联国家政治上的疏离。

第三节　制造同质化的社会

掌控了国家政权的苏共运用包括思想控制在内的多种控制手段，其目的在于制造同质化的社会。然而，这种社会的高度同质化并不意味着国家与社会关系的和谐，而是隐含着一种物极必反的政治逻辑。在强大的国家政权面前，苏联民众的隐忍与沉默，这种表面上的"服从"，并不能生产出政治合法性，反而在瓦解着政治合法性。

一、苏联高度同质化的社会形态

苏共利用手中掌握的国家政权，依靠强有力的国家政治力量、经济力量和文化力量，通过思想控制等诸种控制手段，对苏联人民和苏联社会实施着无所不在的干预和控制，其结果就是把社会牢牢控制在自己手中，造成社会被国家所吞

---

① 具体内容可参见［俄］罗伊·麦德维杰夫：《论社会主义民主》，商务印书馆1982年版，第257—258页。

噬,从而导致社会的高度同质化,造成了社会的被压制以及由此而造成的参差多态的社会的极度萎缩,造成了社会的职能极度虚弱化。美国学者法伊格曾言,"在苏联模式的社会里,国家控制、国家所有、国家干预达到无处不及的地步,从而,几乎每一步都需要国家官员的批准和合作"。① 意思是,民众所有的行动基本都在国家意志的控制和支配之下,一切行为均由国家安排。这被戈尔巴乔夫称为"苏维埃生活方式":苏维埃生活方式"最大的特征就是将个人贬低为程序化了的巨流中最微不足道的一个个体。基本群众实际上根本没有经济、政治、精神等方面的选择余地,一切都被限定和'安排'在现行制度的框子里。人们不能决定任何事情,一切都需由当局代他们决定"。② 其结果表现为典型的"大国家、小社会",最终造成了社会的高度同质化,社会的自主性随之下降甚至丧失。

从理论根源来说,苏联高度同质化的社会其形成源于马克思主义的国家学说和国家与社会关系理论。众所周知,马克思、恩格斯的国家学说是苏联进行社会主义革命和建设的指导思想;而马克思、恩格斯的国家学说是在深入研究19世纪欧洲发生的社会主义运动,系统考察了国家的产生、演变以及在未来消亡的过程基础上而提出来的没有阶级、没有剥削与压迫、协调发展的共产主义社会的美好理想。在马克思、恩格斯看来,国家将最终随着阶级斗争的消除而消失,共产主义在摧毁阶级体系与剥削制度的同时,也排除了人类社会对政治机构和政治权威的需要。马克思、恩格斯指出,"随着社会生产的无政府状态的消失,国家的政治权威也将消失"。③ "在发展过程中,当阶级差别已经消失而全部生产集中在联合起来的个人的手里的时候,公众的权力就失去政治性质。"④

由此可见,马克思、恩格斯的国家学说是基于对资产阶级国家与市民社会对立的批判而产生的,出于对实质性平等的终极追求和关怀,其在原则上拒绝任何形式的社会与政治的分工与分化,拒绝任何建立指挥—服从关系的政治形式。

---

① [美]艾德加·法伊格编:《地下经济学》,上海三联书店、上海人民出版社1994年版,第381页。
② [俄]米·谢·戈尔巴乔夫:《"真相"与自白——戈尔巴乔夫回忆录》,社会科学文献出版社2002年版,第132页。
③ 《马克思恩格斯选集》第3卷,人民出版社1995年版,第760页。
④ 《马克思恩格斯选集》第1卷,人民出版社1995年版,第294页。

由于在共产主义社会中国家与社会的对立的消失,马克思、恩格斯认为要确保人类关系的和谐,并不需要政治机构所进行的那些合乎法律的、限制性的调节功能,那些建立在自愿基础上的集体的团结一致性就足够了。① 马克思、恩格斯在指出要消灭分工之后接着强调:"只有在共同体中,个人才能获得全面发展其才能的手段,也就是说,只有在共同体中才能有个人自由……各个人在自己的联合中并通过这种联合获得自由。"② 因此,共产主义社会的实现也就意味着国家与市民社会对立的终结,意味着公共领域与私人领域之间存在的分工的终结,意味着统治者与被统治者之间的压迫与被压迫的政治关系的终结,当然也意味着一个全面和谐一致、无阶级差别、无社会分化、每一个体都获得了全面发展的社会的建立。此即马克思主义的"经典社会主义"学说。

与马克思主义的"经典社会主义"不同,苏联是在一个经济文化落后的东方亚细亚社会建立的社会主义政权,其社会生产力落后、经济基础薄弱,与"经典社会主义"所要求的"文明前提"差距巨大,而且工农差别、城乡差别、脑力劳动和体力劳动的差别等社会与政治的分工和分化问题都将长期存在。但是苏联在进行社会主义建设实践过程中,却把马克思主义的"经典社会主义"学说生搬硬套到苏联现实当中,拿经典理论裁剪苏联现实社会。因此,为了使苏联的社会现实与马克思主义的国家与社会关系理论保持一致,苏共就从理论上把苏联社会描绘成了一个高度同质的社会。

斯大林就是如此。他说:"在苏联已经没有资本家、地主、富农等等阶级了。在苏联只有两个阶级,即工人和农民,这两个阶级的利益不仅不彼此敌对,相反的,是互相友爱的。"③"工人阶级和农民之间以及这两个阶级和知识分子之间的界限正在消失,而从前的阶级特殊性也正在消失。这就是说,这些社会集团间的距离正在日益缩小。""这些集团间的经济矛盾在缩小,在消失","这些集团间的

---

① 郝宇青:《再论苏共执政合法性意识缺失的政治后果》,《俄罗斯研究》2008 年第 1 期。
② [俄]米·谢·戈尔巴乔夫:《"真相"与自白——戈尔巴乔夫回忆录》,社会科学文献出版社 2002 年版,第 119 页。
③ 《斯大林文选(1934—1952)》(上),人民出版社 1962 年版,第 100 页。

政治矛盾也在缩小,也在消失"。① 1939年斯大林根据两个阶级和一个阶层根本利益一致得出结论,即苏联社会"在政治上和道义上一致":"现时苏维埃社会……没有什么彼此敌对的阶级了,剥削阶级已被消灭了,而构成苏维埃社会的工人、农民和知识分子是在友爱合作基础上生活和工作着……免除了剥削制羁轭的苏维埃社会……没有阶级冲突,而表现为一幅工人、农民以及知识分子友爱合作的图画。"②

在此基础上,基于苏维埃社会"利益和世界观的""社会上和政治上一致的"加强,赫鲁晓夫提出了"全民党"。③ 此时《党的生活》编辑部也刊发文章,指出"苏联人民的一切劳动阶层——农民、过去的手工业者、劳动知识分子——逐步转到工人阶级的立场上来,他们认清了他们的利益同为党所最充分地表现出来的工人阶级的利益有着深刻的和根本的共同性。""苏联社会主义社会是由友好的阶级——工人、农民和人民知识分子这个社会集团组成的。他们是由根本利益的共同性、马克思列宁主义思想和目的的一致性——建成共产主义——连接在一起的。"④勃列日涅夫也持这样的观点,他在宣布苏联建成发达社会主义的时候称,发达社会主义社会的一个主要特征就是"苏联社会所有阶级和社会集团互相接近"。⑤

既然在理论上把苏联社会描绘成一个高度同质的社会,那么,剩下的问题就是如何利用国家强力来制造它了。前述如思想控制等手段其目的即为制造同质化的社会。

二、苏联同质化社会形成的结果

(一) 个人的"消失"⑥

苏联同质化社会形成的一个重要结果就是个人的"消失"。

---

① 《斯大林选集》(下卷),人民出版社1979年版,第394页,第396页。
② 斯大林:《列宁主义问题》,莫斯科外国文书籍出版局1949年版,第772页。
③ [苏]《苏联"全民党"问题文摘》,生活・读书・新知三联书店1964年版,第1页。
④ [苏]《苏联"全民党"问题文摘》,生活・读书・新知三联书店1964年版,第36、43页。
⑤ [苏]《苏联共产党第二十六次代表大会主要文件汇编》,生活・读书・新知三联书店1982年版,第69页。
⑥ 这里的个人"消失",是指人与人之间的个体差别消失,个人完全淹没在了虚幻的集体之中——笔者。

尽管在苏联并不否认个人和个人利益,例如,斯大林在1934年7月23日和到访的英国作家赫·乔·威尔斯的谈话中,在谈到社会主义和个人主义之间的关系时说道:"个人和集体之间、个人利益和集体利益之间没有而且也不应当有不可调和的对立。不应当有这种对立,是因为集体主义、社会主义并不否认个人利益,而是把个人利益和集体利益结合起来。社会主义是不能撇开个人利益的。只有社会主义社会才能给这种个人利益以最充分的满足。此外,社会主义社会是保护个人利益的唯一可靠的保证。在这个意义下,'个人主义'和社会主义之间没有不可调和的对立。"①但是,在苏联具体的实践过程中,却始终是把国家利益、集体利益看得高于个人利益,而在个人利益与国家利益、集体利益发生冲突的时候,个人利益则必须无条件服从集体利益。在抽象的、虚幻的国家(利益)和集体(利益)面前,个人(利益)是无足轻重的。于是,个人完全淹没在了虚幻的集体之中。自然,只有有了无差别的个体,才能为同质化社会的形成提供条件。恰如安德烈·纪德所言:"全体的幸福只有消解个人个性才能得到。全体的幸福只有牺牲个人才能得到。"②

那么,在苏联,制造这种无差别的个体究竟采取了什么样的方法呢?笔者以为主要有如下几种:一是理想信念的宣传教育。③ 在苏联,官方不断地引导、激发群众狂热的革命热情和信念来投入社会主义革命和社会主义建设。人人都是为了实现世界上最崇高的理想而奋斗,人人都是为了建设美好的共产主义生活而奋斗,在这种革命热情和信念之下,任何关注个人利益的行为都被看作是低级趣味的。于是,人人都变成了圣徒,人人都应当成为一颗永不生锈的螺丝钉,人人都应当成为奥斯特洛夫斯基式的人物。对此,安德烈·纪德感叹道:"一种热烈的信心已经够了,并无需希望未来的报偿,无需

---

① 《斯大林选集》(下卷),人民出版社1979年版,第354—355页。
② [法]安德烈·纪德:《从苏联归来》,辽宁教育出版社1999年版,第33页。
③ 苏共对意识形态灌输和控制的重视,通过勃列日涅夫的话即可见一斑。他说:"对于意识形态工作,对于宣传工作,不能吝惜钱财,而在我们深信能够对我们、对党带来好处的那些领域也是一样。在这些场合,我们不应吝惜钱财,也不应吝惜时间和其他手段。"[《苏共中央政治局会议关于国内意识形态问题讨论的记录摘抄(1966年11月10日)》,《苏联历史档案选编》第31卷,社会科学文献出版社2002年版,第132页]

其他的报偿,除了履行一种艰苦使命以后的这个满足心。"①与此同时,在苏共的主导之下,苏联"社会的所有成员基本上有着相同的信仰、观点和价值观,并且他们共有着大致相同的生活方式"。② 二是强调对党和国家的忠诚教育。苏联的宣传部门不断宣传个人利益要绝对服从于集体利益,当然代表集体利益的只能是党和政府,那么个人必须绝对服从、忠于党和党的路线。于是,在苏联形成了一种完全缺乏批评精神、没有个体意志的"附和主义"。对此,安德烈·纪德批评道:"在苏联,预先规定,对于无论什么事情,都不许有一种以上的意见。"即使有批评,那也只是限于弄清楚,"这个或那个是合乎'路线',还是不合乎'路线'。人们所讨论的并不是路线本身"。③ 三是因恐惧而掩盖个性。

安德烈·纪德在苏联访问期间,在他参观了一个集体农庄的好多幢住宅之后,他得出了一个"使人不快的奇怪印象":"一种完全消灭个性的印象。每幢住宅都有同样丑陋的家具,同样的斯大林肖像,此外绝没有什么东西:没有一件个人物品,没有一点个人纪念。各个住宅都可以互相交换的;那些集体农场人员本身似乎就是可以互相交换的,他们由这家搬到那家,甚至自己都不觉得。如此当然容易获得幸福的!"他对工人的印象是:"俄国工人的幸福是由希望、信任和无知构成的。"④由此,安德烈·纪德发出了感慨:"这个消灭个性的现象可以看作一种进步么?在我,我是不敢相信的。"⑤

(二) 社会与国家的对立和冲突

苏联同质化社会的另外一个重要结果,就是造成了苏联社会与国家的对立和冲突。一般情况下,国家与社会应当协调发展,和谐相处,才能彼此促进。尤其是在社会主义条件下,社会更应当得到良好的发展。但是,在苏联强大的国家

---

① [法] 安德烈·纪德:《从苏联归来》,辽宁教育出版社 1999 年版,第 70 页。
② [美] D.P. 约翰逊:《社会学理论》,国际文化出版公司 1988 年版,第 232 页。
③ [法] 安德烈·纪德:《从苏联归来》,辽宁教育出版社 1999 年版,第 34、35 页。
④ [法] 安德烈·纪德:《从苏联归来》,辽宁教育出版社 1999 年版,第 32—33、35 页。
⑤ [法] 安德烈·纪德:《从苏联归来》,辽宁教育出版社 1999 年版,第 33 页。

政权面前,社会不能得到正常的发育,打破了两者间的正当关系,最终只能造成社会与国家的对立和冲突。

这一问题非常重要,有鉴于此,第四章专门加以阐述。

第四章
苏共意识形态工作机制造成的后果
——苏联社会与国家的对立和冲突

上文已述,苏共意识形态及其工作机制的负面功能,就是利用意识形态工作中的思想控制等手段制造出了高度同质化的苏联社会,其最严重的后果,就是造成了苏联社会与国家的对立和冲突,具体表现在三个方面:社会同质化背后的社会分化;否认社会分化与现实政治的张力;否认社会分化造成了严重的后果,即"小社会"对"大国家"的反抗。

第一节 社会同质化表象下的社会分化

尽管苏联领导人大多把苏联社会看作是一个高度同质化的社会,认为苏联社会中的"两个阶级、一个阶层"之间根本利益是一致的,工人、农民和知识分子之间不存在冲突,而是表现为友爱合作的关系。但这只能说是苏联社会的表象,在这种表象的背后,社会分化在苏联社会却在持续发生并扩大,最明显的表现就是,到了勃列日涅夫时期,由于苏联社会发展的停滞(主要是社会流动的停滞),最终出现了一个高踞社会之上的自利集团——官僚特权阶层,出现了"持不同政见者"运动等。这在实际上即意味着苏联社会的分化。因为无论是从成员数量,还是从内部特征方面看,官僚特权阶层都是作为一个特殊的社会阶层存在着,并与其他社会阶层存在着明显的差异;而"持不同政见者"运动则直接表明苏联社会绝不是一个"高度一致"的社会。

一、官僚特权阶层

苏联官僚特权阶层缘起于列宁在苏维埃国家建立初期实行的"特殊配给"制度,即建立"疗养食堂"保护国家工作人员的健康。这一制度在当时特殊的战争环境下是必要的,也无可厚非。[①] 但是,作为因战争而致物资极端匮乏下的产物,这种"特殊配给"制度理应随着战争的结束、和平建设时期的到来而逐步取消。然而,随着苏联高度集中的计划经济体制的建立,一些高档的或进口的服装、鞋帽、烟酒等物品在市场上根本见不到,为此相关权力部门专门开设了特供商店,供应上述价廉物美的紧俏商品;而且还按级别给干部发放数量不等的专用购货券,这样干部们就能凭券到特供商店选购物品。这样就逐步形成了按干部级别享受不同的特殊商品和现金补贴的"特供"制度。早在1935年,对苏共持同情态度的法国著名作家罗曼·罗兰受苏共邀请到莫斯科访问,随即发现高尔基(时任苏联作家协会主席)已如贵族般被供养起来。在国家配给的金碧辉煌的别墅里,多达四五十个人为高尔基一人服务,亲朋食客每天都有数十人。罗兰认为苏联已经出现"特殊的共产主义特权阶层"和"新贵族阶层"。他在《莫斯科日记》中写道,"保卫国家的伟大的共产主义军队及其领导人正在冒险变成特殊阶级,而且,比什么都严重的是,变成特权阶级"。[②]

二战以后,苏联党政干部的特权现象开始"制度化","特权阶层"开始萌生。这一时期的干部特权主要表现为如下三方面。第一,发放"钱袋"。除工资外,每个领导干部还能得到一个封好口的装钱信封。里面有多少钱,这些追加的钱按什么标准分发,出自哪一项基金,普通老百姓根本无从知道。这种红包超越正常

[①] 苏维埃国家建立之初,条件十分艰苦,战争与饥荒同时袭来。1918年,粮食人民委员瞿罗巴四处寻找粮食,以供应前线和城市居民的最低需要,他自己却因饥饿而晕倒在人民委员会的会议桌前。此事引起列宁的关切,因此,他提议建立"疗养食堂"以保护国家工作人员的健康。这可看作是苏联最早的"特殊配给"。
[②] [法]罗曼·罗兰:《莫斯科日记》,上海人民出版社1995年版,第115页。

收入之大是惊人的。① 第二,享受豪华住房。在计划经济体制条件下住房不是商品,不能在市场上流通。干部住房均由国家分配使用,高级干部往往可以获得多套住房。据称,部长以上干部可享有四套住房:一是在莫斯科的公寓房;二是莫斯科市内豪华别墅;三是乡间别墅;四是黑海休假别墅。按规定,除公寓及黑海休假别墅外,其余两套住房可以由子女继承。第三,享受名目繁多的特殊服务。高级干部都配有秘书、警卫、司机、厨师、医护人员、勤杂人员等,他们的工资均由国家支付。其中有部分属于工作需要,但大量的是公私不分,化公为私。至于特供的紧俏商品的代购券等,仍按惯例发放。②

赫鲁晓夫执政后,针对当时日益严重的官僚特权腐败现象,提出了一系列改革措施,如实行干部任期制和轮换制、降低高干工资、取消作为第二工资的"钱袋"制度、撤销除最高机关外的其他机关的疗养院网、减少享受公家配备轿车的领导干部的数量,以图遏制腐败现象的恶性蔓延。但是,由于赫鲁晓夫没有从根本上改变高度集中的斯大林体制,虽然他采取的改革措施对于特权阶层的发展势头起到了一定的抑制作用,却无法从根本上改变这种特权制度。同时,赫鲁晓夫被赶下台,一个重要原因就是他触动了官僚特权阶层的利益。

勃列日涅夫吸取了赫鲁晓夫的教训,为了"捍卫干部的权利",将赫鲁晓夫废除掉的一些干部特权予以恢复,官员们又"发明"出许多名目繁多的新特权,享受特权的"干部名册"又日益变厚,使官僚特权走向规模化、系统化、半公开化。正是在勃列日涅夫时期,官僚特权阶层正式形成。据俄国学者保守估计,这个阶层大约有 50 万—70 万人,加上他们的家属,共有 300 万人之多,约占全国总人口的 1.5%。③ 勃列日涅夫时期的特权主要表现为:

一是名目繁多的特权。④ 例如:(1)宅第权。从中央到地方各级官员均有

---

① 参见[俄]格·阿·阿尔巴托夫:《苏联政治内幕:知情者的见证》,新华出版社 1998 年版,第 312 页。
② 此段转引自郝宇青:《苏联官场文化的表现形态探析》,《江西师范大学学报(哲学社会科学版)》2013 年第 5 期。
③ [俄]阿·尼·萨哈罗夫:《20 世纪俄国史》,ACT 出版社 1996 年版,第 571 页。
④ 本段主要转引自晨钟:《权力变质,脱离人民,是苏共崩溃的重要原因》,《真理的追求》1996 年第 11 期。

一处或几处别墅,少则花几十万卢布,多则靡费上百万卢布;凡是名胜地、风景区、海滨、避暑胜地,几乎全部被大小官员的别墅占据。(2)特供权。各级党政机关均有特设的内部商店、餐厅、冷库等供应网络,按照官职大小、地位高低享受特殊供应。手持特供证的官员在特供商店能买到质优价廉、普通公民望洋兴叹的各种主副食和其他商品。(3)特教权。在苏联,凡是高级官员的子女,从幼儿园到大学均有培养他们的专门机构或保送入学的制度。高级军官的儿子则直接送到军事院校培养。(4)特继权。官员,特别是高级官员,几乎可以免费为自己的子女留下豪华住房和别墅,供他们终身享用。(5)特卫权。高级官员生活、别墅和私人住宅中的服务人员、警卫人员,每年开支达数百万卢布,甚至达到几千万卢布。(6)特支权。位居金字塔顶峰的官员还在国家银行有"敞开户头,即户主可以不受限制随意提取款项的户头"。①

二是官员职位终身制。勃列日涅夫上台后,他批评赫鲁晓夫的干部轮换制"对干部本人是不公正的",并保证要使干部得到尊重。作为实施"公正"的具体措施,他提出了"稳定"干部队伍的口号,废除了干部任期制和轮换制。在苏共二十三大上,连选连任的中央委员占 79.4%,大大高于苏共二十二大的 49.6%;到苏共二十五大,连选连任的竟高达 90%。苏共二十六大选出的中央政治局和书记处,则是二十五大的原班人马。② 干部职务终身制导致干部队伍老化现象突出,在勃列日涅夫执政后期的 14 名政治局委员中,60 岁以上的占 92.9%,其中 70 岁以上的竟多达一半,成了真正的"老人集团"。③ 很多州委书记、部长、党和苏维埃机关的一把手长期待在位置上,一待就是 15—20 年。这样做的直接后果,就是导致了老人政治的出现。权力被一批人长期把持着,便产生了封建性的"权力圈地运动",走向亲属化、帮派化、圈子化政治,党和国家也因此丧失了自我更新的能力。出现苏联人所称的"官僚氏族集团"或变相的世袭制。

三是贪污腐败。当权力走向封建性的帮派政治后,那种犯罪性的经济腐败

---

① 季正矩:《权贵阶层与苏共的腐败及其垮台》,《当代世界社会主义问题》2001 年第 4 期。
② 周尚文、叶书宗、王斯德:《苏联兴亡史》,上海人民出版社 2002 年版,第 727 页。
③ [美]塞维林·比亚勒:《苏联的稳定与变迁》,新华出版社 1984 年版,第 23—24 页。

就大规模出现了。那些长期在一个地方、一个部门、一个单位担任一把手的官员,肆无忌惮地直接利用手中的权力攫夺社会财富。乌兹别克党中央第一书记拉希多夫,便领导着一批贪官,将本加盟共和国的棉花收入攫为私有,案值高达80多亿美元。① 勃列日涅夫的女婿丘尔巴诺夫,经岳父亲自出马找内务部长谢洛科夫疏通,当上了内务部副部长,数年内共收受贿赂 654 200 卢布,折合 105 万美元。② 勃列日涅夫时期的官场腐败日益严重,据有关材料显示,当时一个区检察长的职务价值 3 万卢布(按 1969 年价格,下同);一个警察分局局长的职务,要用 5 万卢布;集体农庄主席 5 万卢布;国营农场主席 8 万卢布;阿塞拜疆共产党区委第一书记 20 万卢布,第二书记 10 万卢布,社会保障部部长 12 万卢布,城市公共事业部长 15 万卢布,商业部长 25 万卢布,大学校长 20 万卢布。阿塞拜疆苏维埃社会主义共和国科学院院士 5 万卢布,科研所所长 4 万卢布,剧院院长 1 万—3 万卢布。③ 可见,官僚特权阶层和腐败存在着千丝万缕的联系。

官僚特权阶层在勃列日涅夫时期正式形成后,其继任者虽曾有过改革,但并未真正从根本上削弱特权阶层,它依然是一个自隔于民众、高踞于社会之上的自利集团。例如,曾在克里姆林宫生活多年的莉季娅·沙图诺夫斯卡娅在其所著《克里姆林宫内幕》一书中写道:"随着苏维埃社会等级结构的形成和固定,执政党领导阶层的某些人开始搞特殊化,不仅要求权力和威信,而且也要求物质财富和生活享受了。"她还说:"表面上的平等和公平是遵守了。可是,同时却开始尽一切可能地建立'地下'优待和特权制度。"这些最初还只是出现在比较狭小的领导集团小圈子里,但是到了后来,随着党政机关从中央到地方的逐渐扩大、确定和固定下来,而这些机关又不断补充进来愈来愈多的"新人",这些"新人"也为自

---

① 王中宇:《苏联解体二十年祭》,《决策与信息》2010 年第 4 期。
② 郝宇青:《苏联官场文化的表现形态探析》,《江西师范大学学报(哲学社会科学版)》2013 年第 5 期。
③ 李春隆:《关于勃列日涅夫时期的"官僚特权阶层"问题》,《东北亚论坛》2003 年第 4 期。沃斯连斯基对此做了描述:"阿塞拜疆贸易部长的职位价值 25 万卢布。中等收入的工人和职员每月的工资为 257 卢布,如果全部储存起来,要买下这个职位,也需要工作 81 年。如果以月收入为 150 卢布的普通劳动者为例,他们每月需要缴纳 21 卢布的税款和工会会费,再减去用以维持最低水平的生活必需品所需的 78 卢布,每月最多只能积攒 51 卢布,如果要想得到这个贸易部长的职位,则需要工作 408.5 年。"(转引自郝宇青等:《苏联国家与社会的关系研究》,华东师范大学出版社 2014 年版,第 192 页)

己要求相应的权力,"要求给予他们越来越多的财富、越来越大的特权"。于是,"开始为党政官员的最高阶层建造住宅大楼,在各个部门开办克里姆林宫食堂和克里姆林宫医院的所谓分支。所有人民委员部和其他相当有权的机构,首先当然是国家保安机关,也开始建立同样只供指定的少数人使用的内部食堂、商店、小卖部、医院、疗养院和休养所。这就无形中脱离了普通老百姓,并且越来越出格"。因为不便于无限制地提高干部的工资,于是当局想出了发"红包"这样一个"巧妙"的办法。关于这个"红包"制度,莫洛托夫在1976年8月18日对一位采访者也曾谈到过。他的谈话不仅证实了这种"红包"制度确实存在过,而且指出这一制度是在二战后由斯大林亲自提议实行的,也就是"用封口的小包给党内和军队领导干部送一大笔钱"。[1] 再如,叶利钦在1990年写的《我的自述》中,讲述了自己担任政治局候补委员时自己所住的豪华别墅的情况,而这所别墅"在我之前是属于戈尔巴乔夫的"。对于这所别墅,他描述道:进了大门,是一个巨大的前厅,楼下有玻璃凉台和电影厅,餐桌长达10米,厨房就像一个庞大的食品加工厂,还有一个地下冰柜,二楼穿过大厅,直通日光浴室、办公室、卧室,整套别墅装潢陈设,极尽豪华。[2] 他还就官僚中间的特权现象指出:"处长虽不享有专用的小汽车,但他有权替自己预定用车,副局长享有一辆专用的'伏尔加',而局长则有另外一种更好的带有专用电话的'伏尔加'。如果你爬到了党的权力金字塔的顶尖,则可享有一切——你进入了共产主义!"[3]

苏联出现的官僚特权阶层,被原南共联盟中央书记密洛凡·德热拉斯(又译吉拉斯)叫作"新阶级"。他写道:苏共"最大的幻想是:在苏联实行工业化和集体化以及摧毁资本主义的所有权以后,将产生一个没有阶级的社会。在1936年新宪法颁布时,斯大林曾宣告'剥削阶级'已不再存在。资产阶级及古时传下来的其他阶级事实上是被消灭了,不过,一个历史上前所未闻的新阶级却形成了"。[4] 而对于苏联官僚特权阶层的形成,他指出:"在列宁和斯大林之后,出现

---

[1] [俄]莉·沙图诺夫斯卡娅:《克里姆林宫内幕》,华夏出版社1989年版,第22—26页。
[2] [俄]鲍里斯·叶利钦《叶利钦自传》,东方出版社1991年版,第145—146页。
[3] [俄]鲍里斯·叶利钦:《我的自述》,东方出版社1992年版,第129页。
[4] 密洛凡·德热拉斯:《新阶级——对共产主义制度的分析》,世界知识出版社1963年版,第33页。

了集体领导形式所表现的平庸状态。貌似诚恳而缺乏智力的赫鲁晓夫也来了。这个新阶级不再需要它曾经一度需要过的革命家或教条主义了,他只要赫鲁晓夫、马林科夫这类简单的人物就够了。新阶级本身已厌倦了教条式的清洗和训练性的会议。大家都想活得平静点。这个新阶级已十分巩固了,它现在必须设法保护自身,甚至防范其所拥戴的领袖。当这个阶级还是很弱的时候,当残酷的手段还必须用来对付阶级内部的异己分子时,斯大林依然能高踞其领袖宝座。这个新阶级丝毫未放弃斯大林领导下所创造的一切,它并不是真正在否定斯大林的权威,它所反对的只是斯大林的手段。"①

二、"持不同政见者"运动

苏联的"持不同政见者"是在赫鲁晓夫执政时期形成的。由于当时赫鲁晓夫对斯大林进行批判,并在社会上引发了"解冻"思潮,在这种环境下成长起来的知识分子,以及曾经遭受过斯大林政治迫害、对斯大林各项政策不满的各阶层人士,开始对苏联的历史和社会现实问题进行反思,怀疑并批评苏共的官方宣传。麦德维杰夫是这样定义"持不同政见者"的:"所谓持不同政见者是这样一些人,他们对于任何社会(包括苏联在内)所赖以存在的意识形态、政治、经济或道德基础都多少持有不同的见解。不仅如此,他们还公开表明自己的观点,并以这样或那样的方式将这些观点表达出来。"②这时的"持不同政见者"多属于一些单个人的行为或思潮,并没有形成一种运动,直到勃列日涅夫执政时期,"持不同政见者"的活动才发展成为一种运动,一直存在于整个勃列日涅夫执政时期,成为一个非常棘手的政治问题。

勃列日涅夫上台后,苏联政权无法容忍自由思想的表现。在知识分子、宗教信仰者和一些少数民族中间开始出现不满现行体制的团体,把保护公民权利放在首位,公开反对践踏公民自由。这些团体采取集会示威、签名请愿等方式进行斗争,1965年12月5日,在莫斯科的普希金广场举行了第一次保护权利的示威

---

① 密洛凡·德热拉斯:《新阶级——对共产主义制度的分析》,世界知识出版社1963年版,第47页。
② [俄]罗伊·麦德维杰夫:《论苏联的持不同政见者》,群众出版社1984年版,第1页。

游行,声援被逮捕的两位苏联作家,这被认为是"持不同政见者"运动的开端。

苏联在1968年镇压了"布拉格之春"运动后,"持不同政见者"运动进入新的发展阶段。苏联出兵捷克斯洛伐克终止了国内的政治经济改革进程,改变了国家的社会政治环境,苏联国内政策转向保守,苏共加强了对意识形态和文化的控制,强化书报检查制度,同时对"持不同政见者"进行各种方式的迫害。面对这一形势,"持不同政见者"除继续抗议示威外,开始组织团体,采取联合行动,并开始发行未经审查的出版物"萨米兹达特",这些地下刊物宣传自己的主张,并通报政权对个人自由的侵犯。"持不同政见者"运动由此变得更具组织性,参加运动的人员成分更加广泛,数量众多的秘密或公开组织也建立起来。"持不同政见者"运动在这一阶段的主要活动不再只限于批判斯大林,更多地开始揭露和批判苏联的社会现实。

20世纪60年代末,"持不同政见者"的主要派别联合成"民主运动",它由三个不同的意识形态流派组成:主要以罗伊·麦德维杰夫和若列斯·麦德维杰夫为代表的"真正的马克思主义—列宁主义"派,要求进行政治体制改革,保护民主和自由;以А.Д.萨哈罗夫院士为代表的西方自由主义派,宣传和崇尚西方资本主义的民主、自由等价值观;由А.索尔仁尼琴为代表的"基督教意识形态"派,这一派既反对社会主义,也反对西方文明,赞扬村社、东正教等传统,主张回归到十月革命以前的社会。这三种思潮有着重大的差别,但А.索尔仁尼琴和А.Д.萨哈罗夫已经成为"持不同政见者"运动的领袖和象征。

表1 1967—1971年持不同政见者运动发展情况表

年　份	1967	1968	1969	1970	1971
组织(个)	502	625	733	709	527
人数(人)	2 196	2 870	3 130	3 102	2 304

资料来源:[俄]A.B.萨维利耶夫:《1950—1970年苏联持不同政见者运动的政治特征》,载[俄]《历史问题》1998年第4期。

苏联当局对"持不同政见者"运动进行了镇压,大规模逮捕、驱逐参与这项运动的著名人士,查封了许多出版物,致使"持不同政见者"运动由高潮转入低潮。

但此时正值勃列日涅夫当局推行与西方缓和的外交战略,为了换取西方对东欧边界不可侵犯的承认,苏联与美欧国家签署了《赫尔辛基协定》,允许东西方人员、思想、商业的自由往来,这又激发了"持不同政见者"运动的再度活跃。西方根据《欧安会最后文件》中的有关条款,以关注苏联的人权状况为由,向苏联施加压力,多方面大力支持苏联的"持不同政见者"运动,"持不同政见者"建立了更多的公开组织,"人权小组"在苏联各地纷纷成立,"持不同政见者"的思想也更趋完备。1975年萨哈罗夫获得了诺贝尔和平奖,极大地鼓舞了"持不同政见者","持不同政见者"运动又形成了一次高潮。在苏联入侵阿富汗之后,"持不同政见者"开展大规模活动,谴责苏联的侵略行为。与此同时,民族运动和宗教运动也成为"持不同政见者"运动的重要内容。

随着"持不同政见者"运动的不断活跃,苏联当局也不断加大镇压的力度,采取各种措施,包括离间、诽谤、逮捕、监禁、流放、驱逐出境等手段,将许多著名的"持不同政见者"关进监狱或劳改营,甚至关进特种精神病院,许多有影响力的"持不同政见者"被迫流亡或被驱逐到西方国家;加之一些"持不同政见者"的思想并不符合苏联的社会实际,单纯追求西方的自由主义,拉大了与普通苏联民众的距离,到了20世纪80年代初,"持不同政见者"运动逐渐走向衰落。但"持不同政见者"的影响并没有完全消失,在整个勃列日涅夫时期和随后的时期,都在持续发挥着作用,成为推动苏联社会变革的一个重要因素。

第二节 否认社会分化与现实政治的张力

由于苏共领导人过分相信理性的创造和设计,认为"理性是处在一个更高的检验者的位置上,只有那些得到理性认可的道德规则才是正确的",[①]因此苏共在70多年的执政过程中,为了达到与理论的契合,置本国经济、政治、文化与社会发展的实际情况于不顾,一味盲目否认存在社会分化,这不能不在客观上造成

---

① [英]F.A.哈耶克:《致命的自负——社会主义的谬误》,中国社会科学出版社2000年版,第19页。

了苏联现实政治的扭曲。既然在理论上认为苏联社会是同质的,所谓社会与政治分化、社会差别以及社会不公平现象都不存在,那么人们在实际生活中应该能够达成一致,社会自然也就高度协调一致了。这种观点在苏联的官方文件和领导人的讲话中可以说是随处可见,前文已述,此处不赘。

一、否认社会分化的做法

在苏联社会是同质的这一前提下,为了达到社会的"整体一致",苏共领导人势必要努力降低和消除社会不和谐音。在此问题上苏共的逻辑很简单。政治领导人可以首先宣称本国社会是一个没有社会与政治分化的、公平的社会,这样"就使不满意的意见没有表达的可能",因为在一个公平而又和谐的社会里,任何不满意的表示都将会被认为是反社会的,甚至是叛国的罪行。① 苏共领导人是这样认为的,也是这样做的。把不和谐音的制造者看成是公平、同质社会的异己分子,直至作为"人民的敌人"从肉体上加以消灭,在苏联历史上这样的事例屡见不鲜。在1929年联共(布)第十六次代表会议上通过的《关于清洗和审查联共(布)党员和预备党员》的决议中即明确指出:在清洗工作中,"要把党内的一切异己分子、破坏党的成就的分子、不关心党的斗争的分子、不可救药的官僚主义分子、勾结阶级敌人并帮助阶级敌人的混入党内的分子、只顾个人发财致富而背离党的分子、反犹太主义者、暗藏的宗教信仰者无情地开除出党的队伍"。② 而像托洛茨基、布哈林等先后与斯大林展开的争论和斗争,本应属于正常的党内斗争的范畴,但却无不以他们落得个"叛国罪"的罪名而告终。③ 这样便留给人们一种假象:"罪有应得者已经查获并受到了惩罚,这样的事情永远不会再发生了"。④ 于是,通过"清洗"各类异己分子和敌人使社会得到净化,社会又处于"整体一致"了。也因此,意大利政治学家萨尔沃·马斯泰罗内就指出,"根据上级命

---

① [美]亨利·基辛格:《选择的必要——美国外交政策的前景》,商务印书馆1972年版,第353页。
② 《苏联共产党代表大会、代表会议和中央全会决议汇编》第4分册,人民出版社1957年版,第49页。
③ 郝宇青:《再论苏共执政合法性意识缺失的政治后果》,《俄罗斯研究》2008年第1期。
④ [俄]阿·舍普琴柯:《与莫斯科决裂》,世界知识出版社1986年版,第18页。

令展开'清洗'"就必然成为一种制度。①

值得一提的是,苏联为了保证"一致性"的实现,还创造了独具苏联特色的公民政治教育制度,以便通过这种制度安排确立共产主义意识形态的主导性地位,使得党的思想、理论传达到每一个人那里,也使得每一个人的思想都能够与党的思想保持尽可能的高度统一。这种政治教育不仅包括在国民教育体系之中普遍开设马克思主义一类的课程,也包括在日常的政治培训、政治会议等政治活动中进行爱党、爱国教育。因此,在外部世界的人看来,苏联人简直就是"政治人"。对此,英国思想家以赛亚·伯林就指出:"我们最好把苏联看成一个教育机构……它的公民感觉就像学校里的孩子……在一所拥有两亿学生的学校里仅靠和颜悦色是不可能做到的。它遵循着与传统的英国中小学校长一样的原则:要把这些乳臭未干的孩子培养成人,就必须经常地敲打他们。"他还指出了另外的一种现象——"苏联的出版社所追求的目标可以说就和学校的刊物一样,是为了更高的一致性"。②

苏共的上述做法与美国政治学家西格蒙德·纽曼对包括苏共在内的"一统制"政党的分析基本吻合。纽曼认为,"一统制的政党所关心的是使世界符合它们的基本哲学。它们不把自己视为压力政治的平等竞争者,而是看作神圣真理或历史真理为一方与根本谬误为另一方之间大搏斗的卫道士"。③基于这一观点,可以看出苏共是把自己看作是先锋队和救世主,所以苏共又怎么会犯错误呢?有学者即指出,在苏联,"党是最高道义的源泉,党性是最高的忠诚,党的纪律是最高的裁决。如果必需,所有别的集团和个人利益必须牺牲自己以确保党的生存、成功和胜利"。④托洛茨基也曾这样表白:"党归根到底总是正确的,因为党是历史赋予无产阶级解决其根本问题的唯一工具……一个人只有与党在一

---

① [意]萨尔沃·马斯泰罗内:《欧洲民主史》,社会科学文献出版社1998年版,第322页。
② [英]以赛亚·伯林:《苏联的心灵——共产主义时代的俄国文化》,译林出版社2010年版,第91页。
③ 转引自[美]西摩·马丁·李普塞特:《政治人——政治的社会基础》,上海人民出版社1997年版,第63页。
④ [美]塞缪尔·P.亨廷顿:《变化社会中的政治秩序》,生活·读书·新知三联书店1989年版,第310—311页。

起,并通过党才能是正确的,因为历史没有开创其他能使正确的东西变为现实的道路。"①

二、造成现实政治的扭曲

苏共不承认苏联社会存在社会分化的上述做法,造成了苏联现实政治的扭曲,其严重后果如下:

其一,不可避免地造成苏共所遵奉的意识形态的教条化、绝对化、神圣化,也不可避免地造成这样的认识逻辑:党和政府的每一项政策、每一个行为都是免于批评的。而且对于所有这些人们既不能去想,也不能去问,只能无条件地遵守和赋予政治忠诚。

其二,必然会扼杀人们的创新能力。英国学者拉斯基尖锐地指出,"俄国的意识形态可能以无情的、甚至野蛮地漠视生命、自由和法律的态度打碎过去的枷锁。重要的不仅是过去的枷锁被打碎了",而且人们还从一种束缚被引向另一种新的束缚。② 法国学者梅洛-庞蒂也指出,在苏联,"共产党对历史的责任转到赤裸裸的纪律,从自我批评转到整顿,从马克思主义转到迷信"。③

其三,苏联政治生活中出现了对社会多样性的排斥,进而排斥了社会主义社会矛盾存在的可能性。有学者指出,在苏联,那种否认和压制社会矛盾的现象大量存在,即使有社会矛盾,也统统被看作是国内外阶级敌人的破坏和颠覆活动,从而又使得苏联社会内部的许多矛盾都带上了阶级斗争的性质,使得正当的个人利益、群体利益和民族利益得不到表达和维护。④

其四,在苏联政治生活中不可能有政治妥协的应有位置,因为任何妥协的行为都会被认为是对阶级敌人的姑息,是对无产阶级利益的背叛。⑤ 对此,雷蒙·

---

① Merle Fainsod,*How Russia Is Ruled*,Cambridge,Mass:Harvard University Press,1953,p.139.
② [英]拉斯基:《我们时代的难题》,商务印书馆 2001 年版,第 265 页。
③ [法]莫里斯·梅洛-庞蒂:《符号》,商务印书馆 2003 年版,第 327 页。
④ 黄宗良:《教条主义与苏联解体》,《国际政治研究》1993 年第 3 期。
⑤ 周尚文、郝宇青:《苏共执政合法性意识的缺失及其后果》,《聊城大学学报(社会科学版)》2006 年第 5 期。

阿隆曾批评指出,"任何人一旦脱离了党,脱离了体现党的事业的人,就会被当作敌对阵营的人,就会被看作是为反革命效劳"。① 所以,面对这种绝对化的政治原则——有着所谓大是大非的善恶二元论倾向,人们没有第三种选择。而且,任何不同的声音,甚至是善意的批评,都被视为异端邪说。这种情况也在俄国的企业里出现,被记录在了韦伯夫妇所著《苏维埃共产主义》一书中:"在工作进行时,任何公开地表示怀疑,或者甚至担心这个计划会不会成功,就是不忠而且甚至是变节的行为。"②

其五,没有必要、也不可能建立政治协调系统,因为高度同质的社会用不着协调,也就不需要建立所谓的政治协调机构,即便建立了也是多余的和摆摆门面而已。此时,在同质性的要求下,各种各样的民情难以通过政治信息传递系统上达到政治权力系统的顶端,因为政治权力系统的顶端并不需要多样性的民情传递。进而言之,即便有所传递,多样性的民情经过"同质性"的筛选和过滤以后得以幸存的也只能是"同质的"声音,被传达到政治权力系统的顶端,导致政治信息传递系统处于扭曲状态。对此后果,马克思的批评鞭辟入里:"政府只听见自己的声音,它也知道它听见的只是自己的声音,但是它却欺骗自己,似乎听见的是人民的声音,而且要求人民拥护这种自我欺骗。至于人们本身,他们不是在政治上有时陷入迷信有时又什么都不信,就是完全离开国家生活,变成一群只管私人生活的人。"③

第三节 否认社会分化造成的严重后果
——"小社会"对"大国家"的反抗

苏联这种扭曲了的国家与社会之间的关系,表面看起来社会完全屈从于国家,甚至如官方所说的那样完全趋于一致,然而,在实质上也并不能达到控制社

---

① [法]雷蒙·阿隆:《知识分子的鸦片》,译林出版社 2005 年版,第 126 页。
② 转引自 F. A. 哈耶克:《通往奴役之路》,中国社会科学出版社 1997 年版,第 152 页。
③ 《马克思恩格斯全集》第 1 卷,人民出版社 1956 年版,第 72 页。

会的目的,社会领域也并不是完全被动的。而且事实上,在社会领域仍然存在着对国家的各种不同形式的反抗。

由于"小社会"处于无权、无力的窘境,因而其反抗的手段也较少有暴力的手段,更多的是无声的呐喊。我们从如下两方面即可清楚地看到来自"小社会"对"大国家"的反抗。

一、民众的政治冷漠

一些著名学者对苏联各个时期民众的政治冷漠情绪进行过研究。俄罗斯历史学家罗·麦德维杰夫在《论社会主义民主》一书中说,斯大林模式"已陷入了人民的冷漠或不信任的无底深渊,丧失了优秀的、诚恳的、有信心的青年干部的支持"。[1] 关于赫鲁晓夫时期苏联民众的思想状况,卡尔·波普尔在研究后提出,"在苏联,由于是共产主义当家,各个年级的学生,更是强迫灌输共产主义思想。不过,到了赫鲁晓夫时代,除了把共产主义视为一种驱动力量之外,已经没有什么人把它当一回事了"。[2] 到了勃列日涅夫时期,民众的政治情绪正如有学者指出的,人们"对克里姆林宫发生的事情只有漠不关心而已","当高音喇叭在莫斯科的公园里广播勃列日涅夫的讲话的时候,没有人停下脚步来听;没有人停下来看那垂在屋顶、阳台广场上的标语口号"。[3] 可见,民众对政治的冷漠已经成为现实。对此,苏联在官方的一些文件和报告中也加以承认,例如:国家安全委员会在就青年学生的政治情绪上报苏共中央的报告中写道,青年学生把当时的共产党员和列宁相比较后认为,"共产党员既可能是个醉汉,又可能是个淫棍,也可能是个毫无原则的人……现阶段的党是升官发财方便的跳板,但绝不是按照思想观点而联合起来的最优秀分子的组织","他们号召青年人要珍惜十月革命的成果,但并没有人响应"。[4]

苏联民众的政治冷漠,反映出民众已不可能和本应与自身休戚与共的苏共

---

[1] [俄]罗伊·麦德维杰夫:《论社会主义民主》,商务印书馆1982年版,第49页。
[2] [英]卡尔·波普尔:《二十世纪的教训》,广西师范大学出版社2004年版,第20页。
[3] [法]皮埃尔·阿考斯、[瑞士]皮埃尔·朗契尼克:《病夫治国》,新华出版社1981年版,第273页。
[4] 沈志华总主编:《苏联历史档案选编》第31卷,社会科学文献出版社2002年版,第152页。

同心同德,而是相反,貌合神离甚至离心离德。很显然,这种政治文化和政治生态不健康,甚至可以说是病态的,明显不利于苏共执政。它"最终只会使国家变弱……使社会丧失了自我发展的动力,从而注定了它自己的失败"。① 在对民众的政治冷漠现象进行研究后,美国学者悉尼·胡克对统治者提出忠告,民主有效行使的条件中最为紧要的是"被统治者积极参与政府的工作过程","在被统治者觉得他们对政府无关重要的地方,结果就会产生漠不关心的情绪。而政治上的漠不关心就可以被称作民主的枯萎。穆勒说得好,'感情的滋养料是行动……让一个人对他的国家无事可做,他就将对国家毫不关心'"。"最明智的政策,在民众的漠不关心或敌意面前也是不可能成功的。即使是那些认为必须由职业上明智的人们或专家们来实行统治的人,要是排斥他们的意见,也得冒自己覆灭的危险。"②

二、民众对政府的不信任

犹如一枚硬币的两面,一面是民众对政治的冷漠,另一面就是民众对党和政府的不信任。关于民众对政府的不信任问题,波兰学者彼得·什托姆普卡曾经提出过诊断一个社会缺乏政治信任的三种指标体系——信任的功能替代品、行为指标及言辞指标来论证苏联民众的政治信任的匮乏状态。③ 根据这一指标体系,本研究主要对勃列日涅夫时期加以考察,因为这一时期表现尤为典型。

(一)第一个指标,由于民众缺乏对党和政府的信任,苏联社会出现了相应的功能性替代品④

换句话说,功能性替代品会在一个社会缺乏信任的时候出现,以发挥本应由

---

① [俄]米·谢·戈尔巴乔夫:《对过去和未来的思考》,新华出版社2002年版,第99页。
② [美]悉尼·胡克:《理性、社会神话和民主》,上海人民出版社1965年版,第287—288页。
③ [波]彼得·什托姆普卡:《信任——一种社会学理论》,中华书局2005年版,第214页。
④ 所谓信任的功能替代品,按照功能主义的解释,"当信任缺失的时候,其所产生的真空状态将被某些提供相似功能并满足对确定性、可预测性、秩序和其他相似的东西的渴求的备选的安排所填充。这些就是信任的功能替代品"。参见彼得·什托姆普卡:《信任——一种社会学理论》,中华书局2005年版,第155页。

信任发挥的功能。由此可见,这种情况,既是社会功能失调的结果,又是对社会功能失调的反应——它对信任功能的缺失起着矫正性的作用。① 这些反应主要有:宿命论、腐败、过度警觉、过分地诉诸诉讼、强迫集中居住、父权化、信任的外部化等。②

（1）民众重新相信宿命论。本来,按照共产主义意识形态,人们依靠个人努力就可以改变自身命运和改造世界。这样就不用去相信宗教,相信上帝和命运等超自然力量的安排。然而现实并非如此。在高度集中的计划经济体制下,苏联一切经济资源掌控在代表国家的苏共手中,这样民众的个人生计就被国家绝对控制了。由此,民众要想活得"体面",就必须顺服社会政治秩序,否则轻则危及其生活,重则甚至威胁到生命。苏联民众就是这样被牢牢控制在了计划经济体制下。因此,对苏联民众而言,计划体制不仅是经济上的强制,更意味着政治上的依附。正是在这双重现实的淬炼下,苏联民众的政治心理又回到了十月革命前的原点,即人们不再相信凭个人努力就能"人定胜天",因为计划体制没有为他们提供任何个性发挥的空间,③而是回到过去,重新去相信上帝、命运等神奇的超自然力量的安排。

（2）腐败之风盛行。苏联官僚阶层的腐败已如前述,在此不赘。其实,这里我们更关心的是民众对官员进行贿赂。某种程度上,当民众在日常生活中遇到困难甚至威胁时,就会把贿赂当作一种自我保护的"武器"。贿赂的存在实际上已经意味着民众对体制、对官员的不信任。

（3）民众对社会秩序和公共安全过度警觉。克格勃作为维持苏联社会秩序和公共安全的"党的剑和盾","克格勃组织了遍及社会每个角落的告密网,上至

---

① 郝宇青、时晓健:《"后金融危机时代的世界社会主义"学术研讨会暨当代世界社会主义专业委员会2010年年会论文集》2010年8月。
② [波]彼得·什托姆普卡:《信任——一种社会学理论》,中华书局2005年版,第155—158页。
③ 苏联的计划体制,不仅有大政方针上的总的宏观性的指导,还有自成体系的基称完整而庞大的组织机构,进行着具体而微观的管理。例如,在党的决议中规定生产多少粮食、蔬菜、工业品,开办什么工厂,投资多少,开办多少学校,招收多少学生,是否增加运粮的车皮和存放粮食的库房,干部休养所的归属问题,是否允许出售外国书籍,谁出国买机车问题,甚至是否让某教授出国并拨款给他等细小的问题都需要经由党中央、政治局来讨论、定夺(参见《列宁文稿》第3卷,人民出版社1978年版,第347页)。这种事无巨细、包揽一切的具体而微观的管理活动,实际上大大压缩了民众的空间。

红军的总参谋部,下自贫困不堪的村庄"。而且,在每一个关键场合,一切可能对党的统治做出批评的集会,"都有克格勃在进行着严密的控制和监视"。① 克格勃就是通过这样一支遍布全国、人数庞大的告密者队伍来监控民众的活动甚至是思想和态度的,一旦发现谁有思想"脱轨",就会立刻受到惩治,要么被降级,要么被解职,严重的甚至会被送入"疯人院",或者被抓入狱。这种情况在阿·阿夫托尔哈诺夫看来,就是如果有谁不按照"中央委员会那些无能之辈和克格勃强盗们那样思考问题,便等于犯了严重的国事罪"。② 在克格勃的严控和高压下,苏联民众连个人自身的安全都不能掌控,反而时刻处在恐惧不安和怀疑之中,不能也不敢相信别人,甚至亲人之间也互不信任,就连父子之间、夫妻之间也是如此。这种状况相当大程度上影响了民众的思维能力和道德批判力。

苏联民众在勃列日涅夫时期对政治系统缺乏安全感,对现状和未来都没有稳定合理的预期,因此出现了"夜间人现象""厨房文化"现象。这些现象很明显属于一种自我保护,反映出人们除了极少数人之外对于所有人都不信任,这种情况的出现既令人沮丧又具有腐蚀性,归根结底是使人们不自觉地相互对立起来的政治控制所导致的严重后果。苏联有一个年轻人被他的老朋友向克格勃告发了,就此他说了一句名言:"除了你的枕头之外任何人都靠不住。"③ 话虽然夸张了些,但却反映出人们对当时的社会秩序和公共安全高度警觉,充满不安。

(4)政治信任的外部化。民众整体不再信任苏联的政治机构、党政官员和苏联生产的产品等,而是转向外部社会,即把他们的信任存放在外国的人物、组织或物品之上。

首先,苏联民众对苏共的认识发生了变化,这是政治信任外部化最为明显的表现。在民众看来,苏共不再是先进生产力和先进文化的代表。这一点集中体现在苏联国家安全委员会1968年向苏共中央所作的一份报告中,该报告主要谈了青年学生的情绪问题。报告中提到,在青年学生中间,"赫赫有名的'列宁主义

---

① [美]约翰·巴伦:《克格勃——苏联秘密警察全貌》,辽宁人民出版社1985年版,第17页。
② [苏]阿·阿夫托尔哈诺夫:《勃列日涅夫的力量和弱点》,新华出版社1981年版,第112页。
③ [美]赫德里克·史密斯:《俄国人》,上海人民出版社1977年版,第203页。

中央委员会'这几个词只能引起讥笑或者愤怒,或者只是当作耳旁风"。他们还将勃列日涅夫时期的苏共和列宁时期相比较,认为党员"既可能是个醉汉,又可能是个淫棍,也可能是个毫无原则的人……现阶段的党是升官发财方便的跳板,但绝不是按照思想观点而联合起来的最优秀分子的组织"。至于共青团,在青年学生中也不能"享有必要的威信"。该报告还指出,青年人对美国有一种别样的好感和莫名的向往,他们认为,"美国人民是聪明的人民,因此他们那里没有共产党","他们的失业人员比我们的工程师生活还好"。尽管"大学生中任何人也不会直截了当地接受'美国的生活方式',但是它渐渐明显地深入到大学生的思想中去。这一点在许多方面是由于我们工作中的疏忽造成的。我们对时尚的改变(也许是跳舞,也许是音乐,也许是穿衣)的典型的反应——先是激烈的批评,长时间的了解并习惯,最后甚至超过榜样的盲目模仿。但是采用时髦的风气正赶上批判时期,因此内心想争取什么的青年便为了……发型、胡子、裤子和流行的舞蹈而斗争。并且在这场斗争中他们要保卫来自大洋彼岸的某些东西,因此它对他们显得非常珍贵"。① 包括大学生在内的青年人对国外的这种好感和向往反衬出他们对国内的怀疑和不满。

其次,信任的外部化还表现在对外国商品的疯狂迷恋上。从法国白兰地酒、苏格兰威士忌酒、美国香烟、进口巧克力糖,到意大利领带、奥地利毛利长筒靴、英国毛纺织、法国香水、德国短波收音机、日本磁带录音机和立体声收音机,再到外国的小汽车等,不一而足,每一样都受到苏联民众的热烈追捧。换句话说,只要不是苏联出产的东西,小到一件衬衫、一条领带、一个手提包甚至随便什么其他小玩意儿,都能激起大家的渴求,得到人们的欢心。对此,美国记者赫德里克·史密斯——1971—1974年任《纽约时报》驻莫斯科分社社长——在《俄国人》一书中写道:"购买进口货是防止吃亏上当的另一个方法,不论普通消费者或特权阶级都是如此。西方商品在苏联市场上虽然为数寥寥,哪怕是东欧和第三世界国家的商品也对势利的顾客具有一定的吸引力,即使在苏联本国生产的商

---

① 《国家安全委员会就青年学生的情绪呈苏共中央的报告(1968年11月5日)》,沈志华总主编:《苏联历史档案选编》第31卷,社会科学文献出版社2002年版,第150、152、153、157页。

品供应还比较充裕时,俄国人也宁愿多出些钱购买进口货。"①这种对外国商品的疯狂迷恋反衬出对苏联本国产品的不信任,其实质反映的是对苏联政治和体制的不信任。

(二) 民众对苏联党和政府缺乏政治信任的第二个指标,是行为指标②

苏联民众的不信任在行为上主要表现为:

(1) 移民。如彼得·什托姆普卡所言,"对自己社会的生存能力的普遍不信任的最强有力的信号也许是移民的决定。这是人民在生活条件变得不能忍受,并且看不到改善希望的时候采取'退出选择'的最清楚的形式"。③ 可以据此从移民特别是向西方国家移民的角度考察苏联的政治信任状况。但是有相当的难度,因为苏联当时和西方世界处于对立状态,苏联政府原则上禁止国民向西方国家自由移民。尽管如此,有学者提出,苏联民众虽然没有肉体的移民,但却有"精神的移民",④理由从上文提到的国家安全委员会那份报告中可窥一斑。报告以文学和音乐为例,说青年学生在一定程度上接受了"美国的生活方式",认同了西方的思想:"青年们认为,西方作家写的东西比我们更好、更有趣。而且他们的作品选题广泛……西方的歌手和爵士音乐家也很受欢迎。至今一些摇滚乐团的声望还有增无减,并达到最大程度。来自官方的某些'压制'更加强了新的协会出现的趋势。"⑤赫德里克·史密斯也持类似观点,说苏联青年对苏联电台和电视台播放的爱国主义音乐、红军进行曲等十分不满,他们已与"苏联历史相隔绝了"。⑥ 这种"精神移民"的出现反映出的就是对国内现实的一种无奈和逃避,也是从国内政治生活中"退出"。而因为没有正常移民的渠道,一些人只能通过非

---

① [美]赫德里克·史密斯:《俄国人》,上海人民出版社1977年版,第322、365页。
② 行为指标是指由社会成员所表现的行为的典型形式,它能够反映出在一定的历史时期人们实际在做什么,或看上去愿意做什么,或者说就是那些预示着信任缺乏的实际的或意图的典型行为模式——笔者。
③ [波]彼得·什托姆普卡:《信任——一种社会学理论》,中华书局2005年版,第216页。
④ 郝宇青、时晓健:《勃列日涅夫时期苏联政治信任的状况考察》,《社会科学》2010年第12期。
⑤ 《国家安全委员会就青年学生的情绪呈苏共中央的报告(1968年11月5日)》,沈志华总主编:《苏联历史档案选编》第31卷,社会科学文献出版社2002年版,第158页。
⑥ [美]赫德里克·史密斯:《俄国人》,上海人民出版社1977年版,第113页。

正常途径"移民",其中一个著名案例,就是苏联高级外交官、曾任联合国副秘书长的阿·舍普琴柯在 1978 年惊险"叛逃"到美国,① 这种从苏联的坚决"退出"就是民众缺乏政治信任的典型例证。

(2) 从对公共生活的参与中撤退。对此彼得·什托姆普卡也有相关论述,"类似于移民的现象,另一种'退出'选择是从对公共生活的参与中撤退"。② 首先从苏联民众对公共生活的认识及参与程度进行考察。笔者以为,民众在公共生活领域的态度总体上讲是比较消极的,其原因在于,苏联实行高度集中的行政命令体制,这种体制一贯擅长于对民众发号施令,基本不会去倾听民众的意见特别是反对意见。也有论者提出相反的观点,认为在苏联政治生活中,民众的政治参与程度较高。但是我们知道,这种较高的政治参与度是组织动员的结果,是民众被动的政治参与行为,从斯基林(H. G. Skilling)下述这段话可见端倪:虽然在苏联能够看到民众广泛的政治参与的事实,但是与其说这是他们给政策形成施加影响的活动,不如说是他们对国家进行各种各样的服务。因为从根本上说,这种广泛的政治参与是由领导人和党发起的,它在较大程度上带有被动色彩。③ 苏联民众政治参与的被动性问题也为英国学者默文·马修斯所关注,他发现苏联选举中很少有反对票:在苏联 1967 年地方选举中,仅有 0.6% 的合格选民没有投票,但是"严格的投票制度严重妨碍了公开投反对票"。即使投了反对票,也根本不可能影响选举结果,因此大大阻碍了人们投反对票的热情。他还通过大量的调查得出结论:在苏联"社会—政治活动不是很受欢迎的","也许大多数调查所透露的对社会政治活动的冷淡和反对,可以看作是说明普通人民中间的冷漠和政治上的反对状况的……指南"。④

(3) "现世主义"倾向(presentist orientation)。彼得·什托姆普卡对"现世主义"定义为,"当我们检查人们指向更加遥远的未来的行为模式时,在此我们必

---

① [苏]阿·舍甫琴柯:《与莫斯科决裂》,世界知识出版社 1986 年版,转引自中国经济网 2008 年 9 月 8 日。
② [波]彼得·什托姆普卡:《信任——一种社会学理论》,中华书局 2005 年版,第 217 页。
③ H. G. Skilling, *Interest Groups and Communist Politics Revisited*. World Politics,Oct. 1983.
④ [英]默文·马修斯:《苏俄的阶级与社会》,商务印书馆 1979 年版,第 260—267 页。

须对未来进行某些想象,也可以观察到不信任的存在。如果那种想象是不清晰的或否定性的,我们将会观察到现世主义倾向:只关心眼前的这一刻,忽视任何时间上更遥远的前景"。① 通俗理解,所谓现世主义倾向,就是由于人们对政治不信任,所以看不到未来,只能看当下。这种现世主义倾向背后折射出的不信任从很多方面在苏联民众身上都能找到。比如,在教育方面,党的教育决策首先是为意识形态教育工作服务,而不是与市场的需要相适应。教育的课程,特别是马克思列宁主义课程被大学生看作废话,教授这些课程的老师也是大学生最不欢迎的。而大学生读书"第一考虑的是怎样便于升迁和在党政工作方面飞黄腾达",而不是为了长期的生活做计划。② 科学研究方面,知识分子都尽量不涉及敏感和紧要的现实问题,形成了科学上的不良风气。"科学对社会生活的迫切问题越来越不感兴趣,愈益热衷于微小问题、烦琐哲学和教条主义。"③日常生活方面,20世纪70年代末80年代初,谎报指标、弄虚作假、盗窃财物、行贿受贿成为群众性的普遍现象;与此同时,社会主义的远大理想逐渐丧失,民众的热情不在发展经济、建设"发达的社会主义"苏联上,盛行于社会的是个人主义之风,特别是在青年一代中,年轻人首先追求的是个人生活的幸福和高收入的职业。年轻人认为,在苏联"建设起来的并不是他们想象中的社会主义,他们首先要生活,而且要更好地活下去"。38%—40%的青年认为"个人幸福"就是生活的意义所在,36%的青年觉得生活"没有意思"。④ 上述这些方面很好地呈现了苏联民众的"现世主义"态度,其背后指向的正是对苏联党和政府的不信任。

(三)民众对苏联党和政府缺乏政治信任的第三个指标,就是言辞指标

该指标指的是人们对社会生活各个方面直接的意见、评价和提议,它是对各

---

① [波]彼得·什托姆普卡:《信任——一种社会学理论》,中华书局2005年版,第219页。
② 周尚文、叶书宗、王斯德:《苏联兴亡史》,上海人民出版社2002年版,第743页。
③ 何瑞翔编译:《苏联著名学者布什坚回顾近20年苏联社会科学的发展状况》,《苏联东欧问题译丛》1988年第6期。
④ 赫尔穆特·科尼希:《七十年代末和八十年代初苏联人们的思想动态》,《苏联问题译丛》第七辑,生活·读书·新知三联书店1981年版。

种类型的不信任的最直接、最清晰的表达。① 言辞指标涉及两个方面：

（1）对制度改革的评价。在最一般的水平上，信任的最好指标是对制度改革的评价，包括目前取得的成果和未来的前景。② 勃列日涅夫尽管一上任就推行了以"新经济体制"为中心的经济改革，但是这一改革基本没有触动计划经济体制的根本理论体系和制度框架，只是对原有体制的小修小补。进入 20 世纪 70 年代之后，经济增长的势头日趋削减，改革也进入了相对停滞的阶段。③ 因此 70 年代初期相当多的苏联知识分子认为，"我国的经济似乎已经糟到了不可救药的程度，因为它不遵循价值规律（'计划体制的唯意志论'）"。④ 而在政治领域，民众遍寻不到任何改革迹象，相反却是体制僵化与腐败问题并重，其最重要标志即为干部队伍超常规的稳定和老人政治现象。这一时期的干部队伍被俄国学者 В. А. 利西奇金、Л. А. 谢列平比喻为一个"瞌睡王国"，⑤意思是说干部队伍的新陈代谢功能基本丧失，毫无生机与活力。对此弗·亚·克留奇科夫也说，到 20 世纪 70 年代中后期，"高级领导层对改革无动于衷和消极等待的态度，像危险的病毒一样出现在社会上，并很快传染开来。不管谁有大胆的设想或有新奇的建议，都不想冒昧地去实现它。大家就这样在原地踏步，在沉默中等待"。⑥ 这种经济陷于停滞、政治失去活力的状况，显然不会让苏联民众对党和政府有政治信任，自然也不会对未来有信心，这就直接影响到民众对现实的社会主义和未来共产主义制度的认识和评价。"共产主义是什么？"共产主义就是"有人富，有人穷，有人当老子，有人当小子"——这段顺口溜在勃列日涅夫时期流行于乌克兰，背后折射的是民众对现实和未来的悲观与失望。这样一种对制度的认识说明人们已不再关心政治，并具有了非常明显的"非政治倾向"——"我不管什么社

---

① ［波］彼得·什托姆普卡：《信任——一种社会学理论》，中华书局 2005 年版，第 214 页。
② ［波］彼得·什托姆普卡：《信任——一种社会学理论》，中华书局 2005 年版，第 220 页。
③ 周尚文、叶书宗、王斯德：《苏联兴亡史》，上海人民出版社 2002 年版，第 714 页。
④ ［俄］谢·卡拉-穆尔扎：《论意识操纵》，社会科学文献出版社 2004 年版，第 460 页。
⑤ ［俄］В. А. 利西奇金、Л. А. 谢列平：《第三次世界大战——信息心理战》，社会科学文献出版社 2003 年版，第 192—193 页。
⑥ ［俄］弗·亚·克留奇科夫：《个人档案：1941—1994：苏联克格勃主席弗·亚·克留奇科夫狱中自述》，东方出版社 2000 年版，第 88 页。

会主义、资本主义——只要给我的钱多"。①

（2）对公共机构和干部的不信任。勃列日涅夫时期，民众对公共机构和干部明显不信任。② 首先，对苏共的认识。前述国家安全委员会1968年那份报告在谈到青年学生对苏共的态度时指出："对大学生来说……党对他们已不是最光明、最先进的东西的化身。""学生之间谈话中毫不客气地把党证叫做'红色的浮子'。""多数学生群众在许多方面把自己和党对立起来"，同苏共有"抵触的情绪"。大学生对苏共的态度还表现在对列宁态度的变化："他们不仅嘲笑列宁、捷尔任斯基、克鲁普斯卡娅和其他革命活动家，而且嘲笑对弗拉基米尔·伊里奇的虔敬态度。"在青年学生中，"赫赫有名的'列宁主义中央委员会'这几个词只能引起讥笑或者愤怒"。而在号召青年人珍惜十月革命成果的时候，"并没有人响应"。③ 其次，对苏共党员和干部的认识。对苏共党员的认识直接受制于人们对苏共的认识。年轻人对党员的认识前文已引，此处不赘；对干部的认识："党的领导人对大学生的演说也无助于党的成功……（敖德萨的）大学生常接触的领导人中很少有演说的才能，大学生们好奇地期待领导人开始演说，但照本宣科且读得结结巴巴使听众的兴趣一落千丈。这种会见只能产生反面的效果，加剧了对党的工作者的藐视。"④对于党政干部，民众经常认为他们言行不一，甚至弄虚作假，以至于人们对他们提出的政策、说教、口号等均持不信任态度。"在这种情况下，对所号召的东西，对讲坛上讲的东西，对报纸上和教科书中说的东西就开始不那么相信了。"⑤再次，对共青团的认识。共青团在青年学生中也不能"享有必要的威信"。"共青团中央领导人的变化几乎没有人发现，这个组织及其活动的

---

① 《国家安全委员会就青年学生的情绪呈苏共中央的报告（1968年11月5日）》，沈志华总主编：《苏联历史档案选编》第31卷，社会科学文献出版社2002年版，第162页。
② 本段资料转引自：郝宇青、时晓健《"后国际金融危机时代的世界社会主义"学术研讨会暨当代世界社会主义专业委员会2010年年会论文集》2010年8月，以及《勃列日涅夫时期苏联政治信任的状况考察》，《社会科学》2010年第12期。
③ 《国家安全委员会就青年学生的情绪呈苏共中央的报告（1968年11月5日）》，沈志华总主编：《苏联历史档案选编》第31卷，社会科学文献出版社2002年版，第149—152页。
④ 《国家安全委员会就青年学生的情绪呈苏共中央的报告（1968年11月5日）》，沈志华总主编：《苏联历史档案选编》第31卷，社会科学文献出版社2002年版，第152—153页。
⑤ ［俄］米·谢·戈尔巴乔夫：《改革与新思维》，新华出版社1987年版，第17—18页。

存在与否一般说来知道得很少。""共青团工作并不令人羡慕,它不像党的工作可以飞黄腾达。"①此外,人们对政府机构也表现出不信任的态度。从对苏维埃的认识当中可见一斑。苏联科学院国家与法研究所的鲍·托波尔宁曾指出:苏维埃代表"习惯于把自己的工作局限于通过决议",甚至像是"婚礼上的闲人"。②对官方的思想则不感兴趣。以下数据或许能说明问题:根据对一个工厂图书馆半年期间的借阅情况的调查,在全部借走的书籍中,政治类的书籍只占了0.5%。③

值得一提的是,在苏联,特别是在勃列日涅夫时期,苏联社会上流行着许多政治笑话,而这些政治笑话本身就是政治信任缺失的例证。当然,政治笑话属于另外的话题,限于篇幅,在此不赘。

总之,苏共这种全能型的政治权力主导产生的同质化的社会——社会成员整齐划一、关系单纯,并没有成为社会现实,而只是一种人为制造出来的社会"假象"。而且,由于苏共的意识形态认为苏联社会是同质的和无差别的,而苏共又在实际政治生活中强力推行这一意识形态,其结果就导致苏共过分相信和依赖手中权力的超常规的发挥,而忽视了现实这一生动而复杂的政治过程,从而也不注重在实践中去培育和维护自身的执政合法性资源。因此,客观地说,这样的社会同质是十分脆弱的,国家所灌输的知识也没有提高社会的免疫力。④内外环境但凡有点变化,这种意识形态建构的社会同质结构就会垮塌,进而危及民众对社会制度的信念和认同。英国哲学家、政治理论家、社会学家鲍桑葵的观点可以看作是对这种现象较有说服力的理论注脚,即社会的结合力不在于相似性,而在于最高度的个性或特殊性,社会的"着重点似乎在于获得能够发挥人类最大才能的真正个性,而不在于事实上的众多成员之间的单纯关系"。⑤

---

① 《国家安全委员会就青年学生的情绪呈苏共中央的报告(1968年11月5日)》,沈志华总主编:《苏联历史档案选编》第31卷,社会科学文献出版社2002年,第153—154页。
② 鲍·托波尔宁:《苏维埃国家与人民自治》,《国外政治学》1987年第6期。
③ 赫尔穆特·科尼希:《七十年代末和八十年代初苏联人们的思想动态》,《苏联问题译丛》第七辑,生活·读书·新知三联书店1981年版。
④ [俄]谢·卡拉-穆尔扎:《论意识操纵》,社会科学文献出版社2004年版,第70页。
⑤ [英]鲍桑葵:《关于国家的哲学理论》,商务印书馆1995年版,第185页。

第五章
苏共意识形态及其工作机制从高效走向崩溃

综合上文研究,苏共的意识形态及其工作机制由建政初期的高效运作到其执政晚期出现危机直至最终走向崩溃,这一转变发生的原因,主要归结为七个方面。

第一节 意识形态教条化和僵化

苏共一向以马克思列宁主义作为指导思想,在执政的条件下又将其作为国家的主流意识形态。一方面,马克思列宁主义是科学的思想体系;另一方面,正如《共产党宣言》所指出的,共产党人的理论原理"随时随地都要以当时的历史条件为转移"。[1] 我们看到,自列宁逝世以后,斯大林在神化列宁的同时,对马克思列宁主义也加以神化和教条化。虽然不能说苏共的意识形态是一种宗教性的信仰,但是苏共的意识形态确实带有很强的终极性的、先验的理念色彩。这样的意识形态极大地束缚了苏共领导人的头脑,窒息了全党的智慧和创新意识。从20世纪30年代起,在苏联,一切从本本出发,各种教科书和理论著述只是对本本的诠释和梳理,了无新意。这种状态,正如邓小平所说:"一个党,一个国家,一个民族,如果一切从本本出发,思想僵化,迷信盛行,那它就不能前进,它的生机就停

---

[1] 《马克思恩格斯选集》第1卷,人民出版社1995年版,第248页。

止了,就要亡党亡国。"①

从斯大林时期开始,苏联意识形态管理开始发生蜕变,其突出表现是,将马克思主义、列宁主义教条化。首先,教条化使马克思主义变成脱离实际的经院哲学,一些人在现实生活中遇到了问题和矛盾,不是运用马克思主义的观点和方法去解决,而只会到本本中去寻找现成的答案,用理论教条去裁夺现实生活,给生动的生活贴上各种政治标签,贴上了人们的嘴巴,束缚了人们的手足,窒息了人们的创新精神,也使社会主义的政治经济体制陷于僵化。其次,教条化使马克思主义成了封闭的官方哲学,失去了与时俱进的动力,失去了科学的批判能力和鉴别是非的能力,使意识形态领域死水一潭,万马齐喑,马克思主义逐渐失去了对广大民众的凝聚力和引领作用。再次,教条化使执政党不按照意识形态自身的规律,去对待群众中尤其是知识分子中的思想意识问题,不是采取说服和平等讨论的态度和方法,动辄用行政命令的手段进行压制和打击,使广大民众内心深处的不满逐渐积聚,执政党逐渐地失去了民心,削弱了党的执政基础。最后,随着时代的变迁,青年一代的价值观发生变化,教条化的内容和方式使青年人厌倦,意识形态的教化功能大为削弱。

从 20 世纪 30 年代到 80 年代,苏联的意识形态领域虽有所调整和变化,但始终未脱离教条主义的窠臼。表面上看意识形态的堤坝仍然屹立,但其内部已十分虚弱,如何通过改革,防止意识形态堤坝崩溃成为一个十分紧迫的问题。就此而言,僵化、教条化的意识形态正是苏共垮台的一个重要原因。而意识形态的教条化和对思想的控制又强化了意识形态的刚性,所以当戈尔巴乔夫在他改革后期忽视了意识形态刚性的作用,而宣布进行政治体制改革、宣布指导思想多元化和放弃马克思主义这一指导思想的时候,已经注定了这个和共产主义意识形态"串联"在一起的政权走向败亡的命运。

---

① 《邓小平文选》第 2 卷,人民出版社 1983 年版,第 143 页。

第二节 领导人垄断意识形态

苏共领导人"垄断真理"。全党只有最高领袖能够发展理论,全党只需要一个脑袋和一个声音。在击败托洛茨基、布哈林等政治对手后,斯大林成为唯一也是最高领袖,在其主导下全党全国盛行对其个人的崇拜。在浓厚的个人崇拜氛围中,领袖被神话为民众心目中真理的化身,他提出的任何新理论和新观点,都是对马克思主义真理的发展,其他所有人能做的只是为他的思想做论证和注解,导致理论界"犬儒主义"盛行。这种领导人垄断真理的现象和理论界的"犬儒主义"贯穿并影响了苏联整个历史进程。赫鲁晓夫的一些"天才思想",如全民国家、全民党、和平主义、跑步进入共产主义等,都是神圣不可置疑的;勃列日涅夫的"发达社会主义理论"提出来以后,在长达三四年的时间里,理论界一直反应冷淡,之后迫于苏斯洛夫的压力才对其进行了一系列"包装",使其具有了科学理论的色彩。

俄罗斯共产党总书记久加诺夫在苏共亡党 10 年的祭日时曾尖锐地指出,苏共亡党的根源在于三个垄断:"苏联共产党垮台的真正原因是它的三个垄断制度,即共产党员以为自己想的说的都是对的——垄断真理的意识形态制度;以为自己的权力是神圣至上的——垄断权力的真正法律制度;以为自己有不能说却可以尽管做的特权福祉——垄断利益的封建特权制度。"[①]三垄断的核心是垄断真理。

全党只有最高领袖能够发展理论,全党只需要一个脑袋和一个声音,这种意识形态的垄断使党员和社会成员都处于一种麻木的僵化状态。因此,意识形态的垄断是造成苏共败亡的重要原因。

---

① 江平:《沉浮与枯荣 八十自述》,法律出版社 2010 年版,第 428—429 页。

第三节　意识形态逐步丧失教化功能和社会整合功能

苏共终极性色彩浓厚的意识形态使共产党的理论原理陷入教条化的同时，也丧失了意识形态应有的教化功能和社会整合功能。本来，一种科学的意识形态必然会产生强大的动员、激励和教育功能，各种思想流派的纷争、辩论，也使意识形态发挥批判的功能，弘扬真理，批判谬误，张扬先进文化，推动社会进步。然而当某种意识形态被置于掌控一切的不恰当地位，它的批判功能、教育功能就会异化为整肃人们头脑的功能，苏共的执政合法性又过于倚重意识形态的刚性，于是，思想上的分歧常常被当作政治上的分野加以取缔甚至绳之以法，这样，意识形态领域变成研究的禁区，这不仅禁锢了人们的头脑，而且不能不阻滞着党、国家和社会的进步，也成为各项改革理论上难以突破的障碍，进而导致整个国家和社会成为一潭死水，毫无生机和活力。

第四节　思想教育工作失策和青年一代理想信念失落

自斯大林时期以来，苏共的意识形态及其工作机制已不能随着形势任务的变化不断更新，从而使马克思主义失去了鲜活的时代气息，成为不断重复的乏味的说教和空洞无物的口号，无法发挥引领社会前进的指导功能；反而禁锢了知识分子的思想，窒息了他们的理论创造力，面对国外思潮也便失去了辨别能力和免疫能力。思想教育内容空泛、形式单调，已使青年一代感到厌倦，加上随着战争年代的远去，热情迸发的革命情怀和爱国情怀也在不断消退，枯燥无味的思想教育对他们已越来越失去说服力和吸引力。

20 世纪 50 年代中期开展对斯大林个人崇拜的批判后，意识形态领域出现"解冻"，一定程度上解除了民众精神上的桎梏，促进了思想解放。作家爱伦堡在

1954年5月号的《旗帜》杂志上发表了小说《解冻》第一部,1956年又发表了第二部。《解冻》隐喻斯大林时期的文艺领域是个"完全冻结了的冰娃娃",如今"解冻的春天"来临了。《解冻》的发表一石激起千层浪,争论也很快从文坛扩及全社会。这场争论,积极的一面是有利于冲破斯大林时期教条主义思想的束缚,促使社会各界正视世界的发展和自身所存在的问题;另一方面是使苏共面临一系列前所未有的矛盾和挑战。伴随"解冻"而来的,苏联国内出现了大量的"地下出版物"(也译作"私下出版物"),在知识分子和青年学生中传播开来,对苏共的意识形态产生了巨大的冲击和消解作用。[①]

随着苏联和西方关系的缓和,苏联和西方国家交流的窗口有所扩大。人员往来增多,1956—1958年,每年大约有60万—70万苏联公民前往国外,约有50万外国游客进入苏联;文化出版物相互交流,无线电广播网络得到发展。随着交往的扩大,西方各种思潮和生活方式也涌入苏联,对苏共的意识形态构成猛烈冲击,尤其对青年一代的价值观产生了巨大影响。[②] 对此赫鲁晓夫并非无感,他在回忆录中说:"我们领导成员包括我自己在内是赞成解冻的……但我们有点慌张——确实有点慌张。我们害怕解冻可能引起洪水泛滥,这将使我们无法控制它并把我们淹死。"[③]因此,在"解冻"过程中如何使马克思主义意识形态与时俱进、保持活力,从而在国家的社会生活中仍然能发挥指导思想的主导作用;如何采取灵活有效的意识形态工作机制和方法,疏导和教育青年树立正确的世界观、价值观和人生观,就成为苏共思想教育工作面临的重大难题。对此赫鲁晓夫基本没有新办法,只能旧瓶装旧酒,继续沿用过去的老办法,面对新形势,老办法只能是越来越无效。

对青年一代思想教育工作的形势到勃列日涅夫上台后已十分严峻和紧迫。前文引述的苏联国家安全委员会报告中指出,大学生对"列宁和马克思的著作不感兴趣,反对强制的心理效应导致马克思主义经典作家的书籍没有人去翻阅",

---

[①] 参见本章附录1——笔者。
[②] 周尚文:《苏共在党建中的疏失及其教训》,《毛泽东邓小平理论研究》2010年第5期。
[③] [苏]赫鲁晓夫:《最后的遗言》,东方出版社1985年版,第138页。

校方又不敢开设西方现代哲学流派的课程,使学生对尼采、弗洛伊德、海德格尔、萨特等人"一无所知"。学生们对政治理论课感到"索然无味",教师或者"回避一些尖锐的问题",或者"进行含混不清的回答","使所有学生都沉闷无趣"。青年人越来越讨厌政治活动,逃避学校组织的"星期日义务劳动",拒绝参加各种节日游行,即使参加了,游行队伍也松松垮垮,稀稀拉拉,乱扔领导人的画像,喊口号有气无力,更有甚者,一些大学生"发表政治上有害言论,书写和散发诽谤性文件,口头或书面威胁党的积极分子,向国外传递诽谤性材料"。① 许多大学生不愿入党,认为入党会限制"个人自由",党失去了先进性,"已不是最光明、最先进的东西的化身",而是"升官发财方便的跳板",② 上述情况说明,在青年一代心目中,共产党、共青团已经日益失去了威信和信任。

对青年一代中存在的价值观严重滑坡等各种问题,勃列日涅夫和苏共中央也感到忐忑不安,并高度关注意识形态工作。勃列日涅夫在共青团第十五次代表大会上说:"载入史册的十月革命伟大日子离我们越久远,没有经历过严峻的生活考验的男女青年加入我们党的队伍越多,思想教育的任务就越重要。我们应该使每个青年人理解我们革命的总目标,帮助每个青年人明确在世界的革命发展中自己的具体位置。"③他还提醒全党:"在两种世界观的斗争中,不可能有中立和折中。在这方面要有高度的政治警惕性,要有积极有效而又有说服力的宣传工作,要及时反击敌对意识形态的破坏活动。"④

勃列日涅夫和苏共中央强调要加强意识形态工作,并对青年一代开展政治思想工作。为此在1966年11月,苏共中央政治局召开会议,专门研究和部署意识形态领域的工作。⑤ 会上,勃列日涅夫首先检讨了党在意识形态工作中的缺点和错误,严厉地批评了文学、艺术、电影,以及某些学术著作中出现的"污蔑党

---

① 陈飞:《苏共党内特权阶层对苏联解体的影响研究》,《中央民族大学硕士论文》2012年4月。
② 参见沈志华总主编:《苏联历史档案选编》第31卷,社会科学文献出版社2002年版,第144—201页。
③ 转引自沈志华等:《苏联共产党九十三年——1898年至1991年苏共历史大事实录》,当代中国出版社1993年版,第670页。
④ [苏]《勃列日涅夫言论》第12卷,上海译文出版社1979年版,第109页。
⑤ 参见本章附录2——笔者。

和人民历史"的现象,要求"对之采取相应的措施"。紧接着勃列日涅夫要求全党高举马克思列宁主义旗帜,并以马克思列宁主义为理论指导,编写新的苏共党史,作为全党和全国进行思想教育方面的"中心轴"。勃列日涅夫甚至强调说,对于意识形态工作,对于宣传工作,"不能吝惜钱财","不应吝惜时间和其他手段"。① 按照政治局会议的精神,苏共中央决定大规模地印刷出版马克思列宁主义以及勃列日涅夫等苏共现领导人的著作,对青年一代开展政治思想工作。1970年年初,由波诺马廖夫主编的新编《苏联共产党历史》出版;1971年年初,出版了题为《遵循列宁主义方针》的勃列日涅夫两卷本文集,随后,又先后发表勃列日涅夫小说体裁的三本回忆录《小地》《复兴》和《垦荒》。有作家在《真理报》上撰文说,这三部小说"是苏联人代代相传的生活教科书"。② 虽然人们对此类读物毫无兴趣,但为了表示对思想教育工作的重视,有关部门仍一路绿灯、不吝钱财、不计成本,大量印刷发行这些著作,造成严重积压,后来不得不将这些出版物当作废纸处理。③

苏共长期以来在思想教育工作上的失策,已对主流意识形态的指导思想地位构成致命威胁。

第五节 高层不相信甚至放弃马克思列宁主义意识形态

从赫鲁晓夫时期到勃列日涅夫时期,尤其是到了戈尔巴乔夫时期,苏共领导干部特别是高级领导干部大多已经不相信马克思列宁主义意识形态,也没有了坚定的共产主义理想,有的甚至背离了马克思主义。

从深层次而言,这一结果很大程度上源于苏联高度集权的政治体制。这种体制产生的一个严重问题就在于,其培养、选拔出来的高层领导干部不再是具有坚定共产主义信仰和社会主义信念的人,而只是一些政治投机分子和精致的利

---

① 《苏共中央政治局会议关于国内意识形态问题讨论的记录摘抄》(1966年11月10日),《苏联历史档案选编》第31卷,社会科学文献出版社2002年版,第132页。
② [苏]《真理报》1978年11月2日。
③ 周尚文:《意识形态堤坝的崩溃与苏联解体》,《华东师范大学学报(哲学社会科学版)》2009年第2期。

己主义者,他们"都是注重实际的,而不是执着于某种意识形态。他们之所以加入共产党,是因为入党对他们在职务上的提升有好处。他们受到激励,不是由于献身于某一意识形态,而是为了追求物质利益和权力"。① 苏共的这种特权制度与苏共秉持的意识形态相冲突。对此,勃列日涅夫时期的高级外交官、曾任联合国副秘书长的舍甫琴柯,在他的回忆录《与莫斯科决裂》中也有相关描述。"苏联领导人并不相信他们向苏联人民灌输的意识形态,也无意把社会主义的价值和原则落到实处,他们关心的只是自己的特权",而特权制度明显与苏共秉持的意识形态相冲突。享有特权的苏共高级领导干部背叛了社会主义的理想,却还要强迫别人相信。舍甫琴柯在书中这样描述这个特权阶层:"它想把某些东西攫取到手,但却企图把自己描述成正在向这些东西进行斗争;它批评资产阶级的生活方式,而自己却一心一意地追求这种生活方式;它谴责消费主义是庸俗思想的反映,是西方影响毒害的结果,但享有特权者对西方的消费品和物质享受却视为珍宝。"这样一种言行分裂典型地反映出苏联领导层的双重人格。舍甫琴柯认为,这种言行分裂状况给自己带来了极大的痛苦:为了保住地位和特权,"我假装信仰我所不信仰的东西,假装把党和国家的利益置于个人利益之上,而实际情况正好相反。我不但在公开场合,在党的会议上和会见朋友时,笑容可掬,扮演着伪君子的角色,甚至对家里人和我自己也是如此"。② 舍甫琴柯上述对苏共官僚特权阶层精神状态的描述很大程度上被下述调查所印证:1991 年苏联解体前夕曾对苏联精英分子的意识形态状况进行过调查,调查结果显示,在苏联上层社会中,只有不到 10% 的人信仰社会主义或共产主义。苏联社会从上到下充斥着谎言,戈尔巴乔夫时期的苏联政府总理雷日科夫在反省苏联解体时说过,"无论在报纸、新闻还是讲台上,都谎话连篇,我们一面沉溺于自己的谎言,一面为彼此佩戴胸章。而且所有人都在这么干,从上到下,从下到上"。对此,诺贝尔文学奖获得者、苏联时期著名的持不同政见者索尔仁尼琴有句类似名言广为世人所知:

---

① [美]大卫·科兹、弗雷德·威尔著:《来自上层的革命——苏联体制的终结》,中国人民大学出版社 2008 年版,第 117 页。
② [苏]阿·舍甫琴柯:《与莫斯科决裂》,世界知识出版社 1986 年版,第 20 页。

我们知道他们在说谎,他们也知道他们在说谎,他们知道我们知道他们在说谎,我们也知道他们知道我们知道他们在说谎,但是他们依然在说谎。① 舍甫琴柯在上述书中说他"在对自己的所作所为已丧失信念的情况下,却还要每时、每事、每地弄虚作假——这不是人人都能忍受的"。②

就个人而言,戈尔巴乔夫的"新自由主义"倾向很明显,他提出的"改革与新思维"和"人道主义的民主的社会主义"被认为是要在全苏进行一场资产阶级革命,建立资本主义制度。③ 在戈尔巴乔夫的安排下,自由派青年经济学家亚夫林斯基与美国哈佛大学的政治学教授阿利森共同制定的苏联经济改革纲领得以实施,以"西化"闻名的雅科夫列夫和"市场改革派核心人物"的盖达尔等人在苏联意识形态领域挑了大梁。苏联后期特权阶层触目惊心的腐败行为和苏共领导人的双重人格以及当时混乱的社会现实,④都与社会主义意识形态教育中的高尚、伟大、纯洁的党和繁荣、富庶、民主、文明的社会主义天堂相去甚远,理论宣传和现实的巨大背离极大地削弱了民众对苏共及其意识形态的信任和认同。

至此,苏联的政治权贵们在意识形态方面已经放弃了对共产主义、社会主义的信念和追求,这些人虽然形式上还是共产党员,但实质上已经蜕变为与人民利益为敌的特权阶层,而苏联的社会主义制度,则沦落为他们谋取私利的工具。正是在这些意识形态上已高度"去共产主义化""去社会主义化"的"党—国精英"的决策和领导下,苏联在经济停滞之后坐失了10年的改革良机,为后来的政权解体埋下了致命性的伏笔。⑤

第六节 意识形态后期走向自由化

意识形态的自由化和教条化一样,均背离了马克思主义意识形态的基本准

---

① [俄]索尔仁尼琴:《古拉格群岛》,群众出版社1996年版。
② [苏]阿·舍甫琴柯:《与莫斯科决裂》,世界知识出版社1986年版,第20页。
③ 曹长盛等:《苏联演变进程中的意识形态研究》,人民出版社2004年版,第40页。
④ 黄永鹏:《苏共意识形态教育的两面背离》,《思想政治教育研究》2010年第6期。
⑤ 蒋红:《对苏联解体的另一种探索与求证——〈来自上层的革命——苏联体制的终结〉读书心得》,《红旗文稿》2015年第8期。

则,两者皆会危及共产党在社会主义国家的执政地位。戈尔巴乔夫时期在意识形态领域进行的改革,从一个极端跳到另一个极端,即从长期的教条化这一"左"端一下子跳到自由化"右"端,造成严重的后果。他提出不留"历史空白点"、公开性、民主化的口号,其初衷也许是为了促进人们的思想解放,推动政治体制的改革。但是,这些口号使社会上各种政治势力和意识形态活跃起来,西方各种自由主义思潮也依附各种政治派别乘机而入。在此情势下,苏共原有的意识形态堤坝无法阻挡汹涌而来的各种错误思潮,而戈尔巴乔夫又没有能力驾驭和控制局面,以致在复杂的政治较量中一再后退,一步步放弃阵地,直至公开宣布放弃马克思列宁主义的指导思想地位,接受"民主的人道的社会主义"作为党的旗帜,这个缺口一开,整个意识形态防线的崩溃就难以避免了。

从一定意义上说,自由主义与教条主义有相通之处,苏联晚期流行的自由主义很大程度上是对西方政治思潮的抄袭和搬用,同样是教条主义的表现。更重要的是,戈尔巴乔夫的改革要打破原先自上而下普遍存在的思想僵化半僵化状态,必然引发各种社会思潮的活跃,这是对意识形态教条化的一种反弹。问题在于,戈尔巴乔夫未能坚守主流意识形态的阵地,改革原有意识形态的管理模式和工作机制;相反,却放任各种错误思潮泛滥,造成了严重的思想混乱,使改革举步维艰,直到被反对派势力将苏联原有体制及其意识形态一起颠覆。邓小平说过,右和"左"都会葬送社会主义。苏共败亡和苏联剧变,印证了这个道理。

第七节　弱化直至让出意识形态领导权和管理权

在苏共执政的很长时间里,直到戈尔巴乔夫改革之前,苏共一直牢牢掌握着意识形态特别是社会舆论的领导权和管理权。自从戈尔巴乔夫将改革视线从经济领域转移到政治领域之后,先是利用在全苏范围内掀起的"重评斯大林"运动,以"填补历史真空"的名义全盘否定斯大林,进而否定列宁、十月革命以及苏联的社会主义革命建设史,国内的历史虚无主义浪潮、民族主义情绪和反共反社会主义浪潮此起彼伏。之后在"民主化""公开性"和"多元化"方针的指导下,苏共主动放弃了马克思主义在意识形态领域的一元指导性地位,拱手让出舆论宣传阵地,尤其是1990年6月12日《新闻出版法》规定取消新闻审查制度,倡导民众的言论自由,各类社会组织或私人皆可办报并享有相应自主权。这种做法在当时实际上是默许了反对派和"异质思维"的泛滥,国内舆论界混乱异常,以《真理报》为基础的苏联党报舆论引导体系遭受毁灭性的打击。此后,"在办理了登记手续的1800种全国性报刊中,苏共掌握的仅有27种,占1.5%"。① 为了进一步使苏联的宣传思想文化战线为"改革"服务,时任苏共中央意识形态主管领导的雅科夫列夫着意安插了一大批"自由派"和"改革派"人士担任党报党刊的把关人,自此苏联的意识形态尤其是舆论的领导权和管理权基本被反对派掌控。面对国际上反苏势力的"和平演变",戈尔巴乔夫应对失策,听任和纵容西方国家在苏联设立各种基金会、社会组织和宣传机构,允许一些极具西方意识形态色彩的书籍报刊合法出版销售,甚至还主动停止了对西方反苏电台的广播干扰,这一切无疑等于自毁苏共意识形态的"钢铁长城",使国内外的反苏反共势力给苏共当时已经处于风雨飘摇中的统治以致命一击。②

综上可知,正是由于苏共所奉行的意识形态自身的特点和问题以及意识形态工作机制的负面功能造成的问题,导致了苏共意识形态及其工作机制的衰弱和失灵直至最终意识形态防线崩溃,而意识形态防线的崩溃又是导致苏共败亡、苏联解体最深层、最直接的原因之一。

---

① 许志民等:《苏共的失败及教训》,中共中央党校出版社1994年版,第171页。
② 胡凯、杨竞雄:《苏联社会主义意识形态管理之失及其对我国的启示》,《南华大学学报(社会科学版)》2014年第4期。

结　语
对我国意识形态建设工作的启示

为避免犯苏共丢失政权那样不可挽回的历史性错误,苏共在意识形态及其工作机制问题上的教训值得我国在新时代意识形态建设工作中深刻鉴取。随着现代社会经济结构、社会阶层、组织形式、分配方式、生活方式的多样化和差异化趋势愈加显著,人们思想意识的复杂性、多元性、多变性和独立性愈加凸显。而且一段时期以来,在意识形态管理部门层面还存在失语失职问题、大众传媒层面存在缺位错位问题以及社会层面存在局部混乱等问题。[①] 因此,当前我国意识形态领域斗争依然复杂,国家安全面临新情况,[②] 意识形态工作依然艰巨而繁重。

一、牢牢掌握意识形态工作领导权

为此,党要牢牢掌握意识形态工作领导权。因为在现代社会条件下,"掌握文化领导权、意识形态领导权已成为掌握政治经济领导权的先决条件"。[③] 因此,"以史为鉴可以知兴替",为避免犯苏共丢失政权那样不可挽回的历史性错误,党的十八大以来,党对意识形态领域的掌控相当有力。以习近平同志为核心

[①] 胡凯、杨竞雄:《论新形势下党的意识形态工作管理权的巩固》,《思想政治教育研究》2014年第1期。
[②] 习近平:《决胜全面建成小康社会　夺取新时代中国特色社会主义伟大胜利——在中国共产党第十九次全国代表大会上的报告(2017年10月18日)》,人民出版社2017年版,第9页。
[③] [意]葛兰西:《狱中札记》,中国社会科学出版社2000年版,转引自程竹汝、郭燕来:《思想自由与政治伦理:意识形态领导权的几个问题》,《科学社会主义(双月刊)》2012年第2期。

的党中央明确认识到,意识形态工作极端重要,①能否做好意识形态工作,事关党的前途和命运,事关国家长治久安,事关民族凝聚力和向心力;②并提出党要牢牢掌握意识形态工作领导权,进一步加强党对意识形态工作的领导,不断增强意识形态领域主导权和话语权。③ 牢牢把握住意识形态工作领导权,是在中国特色社会主义新时代做好意识形态工作的重大要求,是巩固马克思主义在意识形态领域的指导地位、巩固全党全国人民团结奋斗的共同思想基础的坚强保障。

(一) 从战略上充分认识和重视意识形态工作相关规律④

1. 应理直气壮坚持党的意识形态领导权

意识形态领导权作为构成现代国家权力结构的重要组成部分,并非社会主义中国所独有。与传统国家主要依靠组织起来的强力来支持和维系相比,现代国家则更需要依靠非强制的意识形态说服和灌输,使社会大众自觉地认同进而赞同现实的政治秩序。因此,现代政治秩序在很大程度上是建立在意识形态领导权所营造的解释合法性基础之上的。从意识形态领导权角度而言,此即意味着国家权力在观念领域开始走向社会化,市民社会及其精神生产成为国家权力的重要构成部分。当下,通过电视、报纸、广播、网络等大众传媒和政党、学校、工会、文化机构等社会团体对整个社会进行意识形态的说服和"同构",已成为国家权力的常态和获得支持的关键。为此,统治阶级必须牢牢掌握并发挥好意识形态领导权,否则极有可能造成国家政治危机。

中国共产党既是执政党又是领导党,前者属于党政关系的范畴,后者属于党与社会关系的范畴。中国共产党对中国社会的领导,其核心就是意识形态的领导。在中文语境中,领导即带领和引导之意,领导权即引起服从的非强制性影响

---

① 《习近平在全国宣传思想工作会议上的讲话》,新华社 2013 年 8 月 20 日。
② 《习近平在全国宣传思想工作会议上的讲话》,新华社 2013 年 8 月 20 日。
③ 习近平:《决胜全面建成小康社会 夺取新时代中国特色社会主义伟大胜利——在中国共产党第十九次全国代表大会上的报告(2017 年 10 月 18 日)》,人民出版社 2017 年版,第 4、23、41 页。
④ 程竹汝:《要从战略上重视实现中共意识形态领导权的几个条件》,http://theory.people.com.cn/n/2013/1230/(207270-23978)39.html。

力,因而意识形态领导权是指主导意识形态通过各种非强制影响力获得社会大众的认可、赞同从而具有主流意识形态的地位。可见意识形态领导权并非某些权威人物或机构所具有的权力。意识形态领导权作用的对象在于人的思想,而人的思想在本质上是自由的,从根本上来说是不可能被强制或统治的,但是人的思想又是可以且需要被引导、启发的,因此思想自由与思想强制不相容,而与思想领导则是相容的。

2. 充分认识和重视精神生产者群体即知识分子在意识形态工作中的主体地位和作用

与物质生产一样,精神生产也是由具体的生产者完成的。意识形态理论的开创者葛兰西强调"有机知识分子"在实现意识形态领导权中的作用。所谓"有机"强调的是社会与国家、民众与政府的有机联系,能够在观念传播上发挥这种联系和纽带作用的知识分子就是"有机知识分子"。在党、传媒、知识分子三者关系中,知识分子作为精神生产者,其对意识形态领导权的实现更为关键,因此必须充分发挥我国广大知识分子的纽带作用。就此而言,意识形态工作很大程度上就是知识分子工作,其中重要的是必须实现党的知识分子与社会的知识分子双重角色的统一。正如党是中国社会的一部分,党的知识分子也是社会的一部分,来自社会,服务于社会,应当成为党与社会整体的有机连接点。

3. 学会和善于运用意识形态的独特方式解决意识形态问题

基于现代国家的权力构成现实,有必要从理论上对统治权与领导权加以区分。意识形态问题属于思想领域范畴,只能用思想的方法来解决;习惯于甚至偏好于用统治权的方式既违背客观规律最终也是有害的。意识形态领导权的非强制性质决定了其发挥作用的方式只能是说服吸引的软实力。其一,意识形态领导权是一种"软实力"。与硬实力主要靠强制发挥作用不同,软实力发挥作用的方式主要靠说服、吸引、感召等影响力。其二,意识形态领导权须具有理性、开放、超越、包容的品格。这样才能引导和整合各种社会思潮,获得领导权地位。现实中说服吸引的软实力作用方式主要通过两条途径来实现:一是理论的科学性和彻底性。马克思说:"理论只要彻底,就能说服人。所谓彻底,就是抓住事物的根本。"①其实,这里并没有什么神秘的逻辑,理论只要有事实支撑就能说服人。列宁也指出:"如果认为人民跟着布尔什维克走是因为布尔什维克的鼓动较为巧妙,那就可笑了。不是的,问题在于布尔什维克的鼓动内容是真实的。"②二是行动的示范性。一种理论要彻底说服人不仅靠他们自身宣传什么,更主要靠宣传者们是不是践行自身所宣传的价值理念。正如毛泽东指出的:"所谓领导权,不是要一天到晚当作口号去高喊,也不是盛气凌人地要人家服从我们,而是以党的正确政策和自己的模范工作,说服和教育党外人士,使他们愿意接受我们的建议。"③

(二) 塑造既具稳定性更具灵活性的意识形态

在与社会转型变迁互动共振中,塑造既具稳定性更具灵活性的意识形态,最大限度削弱意识形态的刚性,夯实马克思主义和中国特色社会主义在中国的认同基础,从而使意识形态为党长期执政持续提供合法性资源。

意识形态在社会主义政权体系中具有举足轻重的地位,正如卢卡奇所言,"意识形态在决定无产阶级革命的命运中所起的作用",是"带有决定性的"。④这一点对于苏共政权也不例外。苏共作为执政党,它的意识形态本应与时俱进,随着时代的发展、社会的转型变迁以及治国理政道路和模式的变化及时进行话语体系的更新,即走新路、讲新话。唯有与时代的发展、社会的变迁、治国理政的道路和模式合拍共振,意识形态才能发挥对现实世界的解释和辩护功能,才能为体制的变革提供理论上令人信服的阐释,从而增强体制的弹性。正如美国政治学家罗伯特·A. 达尔指出的,"一种意识形态并不一定是静止的:新的形势会需要人们对新目标作出新的解释和强调,于是,新奇的、毫不相干的甚或前后不一贯的要素都会悄悄而入。这样,相当大的含糊性反而成了一种明确的优点,因为

---

① 《马克思恩格斯选集》第 1 卷,人民出版社 1995 年版,第 9 页。
② 《列宁全集》第 38 卷,人民出版社 1972 年版,第 77 页。
③ 《毛泽东选集》第 2 卷,人民出版社 1991 年版,第 742 页。
④ [匈]卢卡奇:《历史与阶级意识》,商务印书馆 1992 年版,第 349 页。

恰恰是含糊性允许了灵活和变化"。① 反之，如果意识形态长期处于静止状态而无法与时代发展、社会变迁互动共振，它对现政权的解释力及合法性辩护功能就会下降，其刚性反而会增强，从而在理论上阻碍对体制的变革。

这种意识形态与社会变迁互动共振的逻辑，对戈尔巴乔夫时期的改革提出了清晰的要求。客观而言，戈尔巴乔夫改革的目标是要实现苏联面向新时代的全方位的社会转型，②这一巨大而深刻的社会变迁必然要求意识形态的有力支撑。改革"新思维"的提出即反映了改革寻求意识形态的支持。但是，苏共长期秉持的意识形态却无法承担这一功能，因为苏共的意识形态非但长期僵化和教条化，无法适应时代主题和改革要求而难以为继，而且还具有很强的惯性和刚性，没有持续坚毅的努力和灵活的策略无法使其改变。这就要求改革的领导人必须具有坚强的意志和高超的领导艺术，及时引导意识形态与时俱进并牢牢掌控意识形态工作领导权，才能驾驭各种改革难题，顺利推进改革。

然而，戈尔巴乔夫时期的苏共显然不具备这种能力，其在意识形态工作方面的作为结果明显背离了初衷。例如，他提出填补"空白点"，其初衷恐怕还在于希望通过进一步纠正历史上的冤假错案以恢复历史真相，揭露和抨击传统体制的弊端，唤起人们的改革热情去冲破教条、僵化的意识形态藩篱，为政治改革开辟道路。但是，像苏联这样一个长期被传统意识形态教条化的社会，一旦真的发起政治改革，意识形态的目标很有可能就会发生扭曲和变形。"历史热"的兴起，正是这方面的突出表现：苏共为清理和纠正个人崇拜和"大清洗"所造成的严重后果的行动，被延伸为对斯大林和斯大林时期的全盘否定；对斯大林主义的批判扩展到对列宁主义和马克思主义的批判，十月革命也成为一种"原罪"，成为"中断俄国历史的正常发展"、给国家造成一系列严重后果的总根源。面对这种结果背离初衷的局面，戈尔巴乔夫不是旗帜鲜明地坚守方向和阵地，而是步步退却。他

---

① ［美］罗伯特·A.达尔：《现代政治分析》，上海译文出版社1987年版，第81页。
② 戈尔巴乔夫改革的目标是要冲破原有高度中央集权的政治经济体制，建立适合时代要求的、以新科技为内涵的现代生产力和以市场经济为导向的社会主义体制，实现全方位的社会转型——笔者。

的改革理念从"更新社会主义"到"中立化",再到"根本改造整个社会主义大厦"。① 伴随这一过程的,是苏联晚期的经济、政治、社会状况不断恶化。最后戈尔巴乔夫和苏共丢弃了马克思主义和社会主义的基本原则,自行放弃共产党对国家政权的领导,推行"多党制"和所谓"社会民主党化",其最终的结果就是苏共的败亡和苏联的解体。

从这一过程中,可以清楚地看到意识形态和社会变迁的互动和共振。冲破传统经济、政治体制,构建新的体制和机制,需要意识形态鸣锣开道和提供合法性和正当性,但改革既然是社会主义的自我完善,改革所需要的意识形态就应该是坚持社会主义方向的,又是与时俱进的。可是,改革期间苏联一些人却利用"中性化"的口号,煽起群众揭露阴暗面的情绪,矛头直指主流意识形态和基本社会制度,其结果只能是迅速冲垮传统意识形态的堤坝,销蚀主流意识形态的功能,削弱执政党的社会控制力,造成严重的思想混乱。这一期间,苏共与戈尔巴乔夫无所作为,放任各种思潮和政治派别泛起,直至不可收拾的地步。改革走入死胡同,苏共秉持的意识形态失去了支撑改革的功能,此时各种错误思潮和敌对思潮泛滥,对现政权和苏共的执政地位构成严重的威胁。②

从苏共的经验教训出发,今天的社会主义国家的共产党都在摆脱教条的意识形态的束缚,努力塑造具有灵活性的意识形态。当然,在这里也很有可能遇到像苏共那种终极性的意识形态所带来的挑战。但是,执政的共产党必须果断地抛弃那些不合时宜的带有终极色彩的教条,回应时代潮流和转型大变局提出的新的时代课题,使党的意识形态始终保持开拓创新、与时俱进的生动状态,并往自身的意识形态中填充进适当的工具理性价值,这样的意识形态必将为共产党的执政合法性增添新的资源。

在与社会转型变迁互动共振中塑造具有灵活性的马克思主义意识形态,总的原则在于,必须实现马克思主义的本土化、大众化和时代化,即把马克思主义

---

① [苏]戈尔巴乔夫:《社会主义思想和革命性改革》,《真理报》1989年11月26日。
② 周尚文等:《苏共执政模式研究》,上海人民出版社2010年版,第246—247页。

的基本原理与各国国情、时代特征以及民族文化、人类文明共同成果三者有机结合。这一结合苏联和苏共在列宁时期基本做到了，但是列宁之后，从斯大林到勃列日涅夫，苏共历任领导人做得都不到位，至戈尔巴乔夫时期已无法结合。因此中国共产党必须做好上述三个结合，大力推进马克思主义中国化、时代化、大众化。

1. 必须坚持党性和人民性相统一，既高扬"主义"又解决实际问题①

苏共在意识形态及其工作机制上出问题，从根本价值理念上来说即缘于没能正确认识和处理党性和人民性的统一。共产党是代表最广大人民根本利益的、以实现共产主义为最高理想和奋斗目标的无产阶级政党，这决定了坚持党性与人民性的高度统一是共产党最基本的意识形态主张，作为执政的共产党如果背离了这个主张，意识形态阵地就会丧失，执政地位就会动摇并最终被人民和历史所否定。当苏联的社会主义建设取得重大成就、强国地位巩固之后，苏共却逐渐背离了为人民服务的宗旨，淡忘甚至放弃了共产主义理想信念，把党异化为凌驾于民众之上的特殊利益集团，把马克思主义异化为为自己的特殊利益服务的封闭僵化的理论教条。这样，苏共的意识形态主张就丢掉了它的人民性，从而失去了正确性、科学性，更丧失了价值性，最终被苏联民众所抛弃。

马克思、恩格斯历来强调：我们的学说不是教条，而是行动的指南。马克思主义在社会主义国家成为共产党在长期执政过程中的指导思想和国家的主流意识形态，具有强大的生命力，首先必须体现在能够指导解决各国面临的实际问题，这就要求把高扬"主义"与解决问题有机统一起来。在革命、建设和改革发展的不同时期，在确立和创新马克思主义指导思想和意识形态的过程中，中国共产党人不断探索高扬"主义"与解决问题有机统一的有效途径。革命战争年代，毛泽东带领中国共产党人把马克思主义基本原理与中国革命实际相结合，实现了马克思主义中国化的第一次飞跃，创立了毛泽东思想，开拓了"农村包围城市、武装夺取政权"的革命道路，解决了中华民族和中国人民近代以来的第一大历史性

---

① 阮青：《牢牢掌握意识形态工作领导权必须坚持四个统一》，《光明日报》2015年7月25日。

课题,即推翻三座大山、争取民族独立和人民解放、建设新中国。改革开放以来,中国共产党人高举"解放思想"的伟大旗帜,在马克思主义指导下打破习惯势力和主观偏见束缚,研究和解决近代以来的第二大历史性课题,也是当代中国社会发展面临的基本问题,即国家富强、人民富裕幸福,在此过程中开拓了中国特色社会主义道路,创立了中国特色社会主义理论,开始了马克思主义中国化的第二次飞跃,并建立和逐步完善了中国特色社会主义制度。党的十八大以来,中国特色社会主义进入新时代,面对新时代治国理政的新常态和已经发生转化的社会主要矛盾,习近平总书记总结世界社会主义发展史,特别是总结中国共产党领导人民 90 多年的奋斗史,进一步推进马克思主义中国化,创立了马克思主义中国化的最新成果——习近平新时代中国特色社会主义思想,并明确提出:"中国特色社会主义是社会主义而不是其他什么主义,科学社会主义基本原则不能丢,丢了就不是社会主义。一个国家实行什么样的主义,关键要看这个主义能否解决这个国家面临的历史性课题。"因此,"主义"不是抽象的口号和标签,高扬"主义"的前提是这个"主义"能够指导我们解决"问题"。

高扬"主义",就是坚持党性原则,核心是坚持正确的政治方向,站稳政治立场,坚决同以习近平同志为核心的党中央保持高度一致,坚定不移走中国特色社会主义道路。解决问题,就是坚持人民性,要有强烈的问题意识,切实解决好人民群众最关心、最迫切、最需要解决的问题,把实现好、维护好、发展好最广大人民的根本利益作为各项工作的出发点和落脚点,坚持人民立场、以人民为中心,让人民群众有更多"获得感"。这是习近平同志关于高扬"主义"和解决问题有机统一的重要观点,是对中国共产党人 90 多年艰苦探索经验教训的科学总结,是对中国特色社会主义理论的丰富和发展,开辟了高扬"主义"和解决问题有机统一的新阶段,有力推动了党的指导思想和主流意识形态的与时俱进。

2. 坚持理论自信和理论创新有机统一,使意识形态兼具稳定性与灵活性两种特征,从而增强意识形态的凝聚力和向心力

理论自信是前提。理论自信使中国共产党人对在长期革命建设和改革发展过程中所形成的理论具有充分的认同感、自豪感和神圣感,对理论在社会发展过

程中的指导作用有着坚定的信心。共产党人历来强调理论自信。恩格斯曾指出:"我们党有个很大的优点,就是有一个新的科学的世界观作为理论的基础。"[①]毛泽东同志指出:"我们党从它一开始,就是一个以马克思列宁主义的理论为基础的党,这是因为这个主义是全世界无产阶级的最正确最革命的科学思想的结晶。"[②]我们的理论自信,源自理论本身既具科学性又具价值性,源自理论自身的逻辑魅力和洞察能力,对现实具有雄辩的解释力,在理论论证上具有逻辑自洽性;更源自实践绩效,即中国在马克思主义指导下取得了革命、建设和改革事业的成功,使中国向社会主义现代化强国迈出了坚实的步伐。

理论创新不停步。时代是思想之母,实践是理论之源。伟大的时代需要理论自信,改革的时代呼唤理论创新。中国共产党历来重视理论创新,理论创新对实践创新具有重大先导作用。改革开放实践的脚步在加快,理论创新的脚步也在加快。中国共产党人在进行伟大斗争、建设伟大工程、推进伟大事业和实现伟大梦想的实践过程中,不断总结新经验、概括新观点、形成新思想、创立新理论,不断丰富、完善、发展中国特色社会主义理论体系,并在党的十九大提出了习近平新时代中国特色社会主义思想,作为中国特色社会主义理论体系的重要组成部分,也是马克思主义中国化的最新成果,成为中国特色社会主义新时代党的指导思想。自信的理论指导着中国特色社会主义建设全面展开并取得巨大成绩,社会主义现代化建设新实践又成为理论自信和理论创新的源头活水,两者统一于中国特色社会主义建设的伟大实践中。

3. 坚持一元化和多样性有机统一,正确反映社会主义初级阶段的不同利益诉求

中国共产党的指导思想是一元化的,即以马克思主义为指导,马克思主义是中国的主流意识形态,这是中国的基本国情;与此同时,社会上还存在多种思潮。根据马克思主义原理,存在决定意识,这是我国多种经济成分并存的现实反映,是社会阶层变化带来的利益诉求多样化和思想认识差异化的现实结果。意识形

---

① 《马克思恩格斯文集》第 2 卷,人民出版社 2009 年版,第 599 页。
② 《毛泽东选集》第 3 卷,人民出版社 1991 年版,第 1093 页。

态的一元化和社会思潮的多样性是辩证统一的,在多种社会思潮并存的前提下必须坚持指导思想一元化不动摇的基本原则,在大力推进马克思主义中国化过程中,不断增强主流社会主义意识形态的凝聚力、感召力和引领力,使整个民族心往一块想,劲往一处使。同时,面对日益纷繁复杂的社会思潮,要尊重多样,包容差异,既反对以一元化取代多样性,又要反对以多样性否定一元化。当代中国意识形态的一元主导地位与社会思潮多样性并存的基本特征,要求我们必须高度重视意识形态工作,时刻关注意识形态领域的变化与动向,牢牢掌握意识形态的领导权和话语权,不断巩固马克思主义在意识形态领域的指导地位,巩固全党全国人民团结奋斗的共同思想基础。

(三) 立足实践持续推进马克思主义中国化、时代化、大众化

立足时代和实践基础进行理论创新,大力推进马克思主义中国化、时代化、大众化,才能永葆马克思主义意识形态鲜活的生命力。与时俱进发展马克思主义,首先必须始终立足各国实践,而不能脱离实际超越阶段。

由此观之,苏共从斯大林时期开始,中经赫鲁晓夫、勃列日涅夫直到戈尔巴乔夫执政前期,苏共的意识形态一贯奉行社会主义"超阶段"发展理论,大大脱离了苏联的社会实际,也违背了马克思主义和科学社会主义的精神。1936 年,亦即取消票证配给制的第二年,斯大林就宣布苏联"建立了社会主义制度,即实现了马克思主义者称为共产主义第一阶段或低级阶段的制度"。此后仅仅 3 年,斯大林就宣布,苏联已经是"按其形式和职能来说是和第一阶段的社会主义国家大不相同的""向共产主义前进"的国家了。[①] 二战刚刚结束的第一年即 1946 年,当苏联还处于国民经济大破坏状态时,斯大林就宣布:"'一个国家内的共产主义',特别是在苏联这样的国家内,是完全可能的。"[②]斯大林之后,赫鲁晓夫则宣布苏联要在 20 年内(1960—1980)建成共产主义。而勃列日涅夫则宣布,苏联建成了"发达的社会主义"。但是,到 1991 年苏联解体时,苏联民众不要说看不到

[①] 《斯大林文集》,人民出版社 1985 年版,第 107—108、282 页。
[②] 《斯大林文集》,人民出版社 1985 年版,第 510 页。

共产主义,就连发达社会主义的影子也找不到。试问,这样的"发达社会主义"难道还不让民众失望吗?几十年的短缺经济,排长队购物,这种社会主义难道还能吸引苏联民众吗?

苏共的意识形态长期脱离苏联社会实际,犹如建筑在沙滩上的城堡,根基很不牢靠。就此而言,苏共的"超阶段理论"可以说是一种脱离现实社会的"肥皂泡理论"。一边是大街上排长队抢购黑面包,一边却吹嘘集体农庄庄园餐桌上摆的是"乳酪烤小猪";一边是日用品全面匮乏、供不应求,一边却报道苏联社会主义进入"发达阶段";一边是院士、教授购一台14英寸的彩电就被视为一种了不得的"奢侈",一边却连篇累牍,大谈推广"发达社会主义的生活方式"。事实表明,在20世纪七八十年代,苏联社会矛盾和民族冲突的暗流在社会深层已呈汹涌之势,但主导舆论的"牛皮论调"却吹得更高,而民众对斯大林式"社会主义"的失望情绪也就更深。这种靠禁锢、造神、镇压、造假维系的意识形态,其结果,不仅是在与外界隔绝的封闭环境中造成了极端僵化的理论教条,无力同现代世界的各种理论思潮进行交锋,而且由于它是在一个极端封闭的意识形态"温室"环境中培养"理论队伍"的,因而又造成了"思想精英"的弱不禁风。[1]

与之相反,中国共产党始终立足我国革命、建设、改革发展的实践要求,不断推进时代和实践基础上的马克思主义理论创新,相继形成了马克思主义中国化两大理论成果——毛泽东思想和中国特色社会主义理论体系,为党和人民事业发展提供了行动指南,也有力巩固和发展了社会主义意识形态。党的十八大以来,以习近平同志为核心的党中央坚持问题导向,聆听时代声音,紧紧围绕新时代坚持和发展什么样的中国特色社会主义、怎样坚持和发展中国特色社会主义这个重大时代课题,以我们正在做的事情为中心,深入推动马克思主义同当代中国发展的具体实际相结合进行艰辛理论探索,取得重大理论创新成果,创立了习近平新时代中国特色社会主义思想,开辟了管党治党、治国理政新境界,开辟了中国特色社会主义新境界,开辟了马克思主义新境界。实践没有止境,理论创新

---

[1] 姜长斌、马龙闪:《以科学社会主义观认识苏共意识形态的消亡》,《学习时报》2007年3月14日。

也没有止境。要使党和人民事业不停顿,首先在理论上不能停顿。在新的征程上,我们要进行伟大斗争、建设伟大工程、推进伟大事业、实现伟大梦想,必须继续保持和发扬马克思主义政党与时俱进的理论品格,不断总结经验、认识规律,不断做出新概括、创造新成果。不断赋予当代中国马克思主义更加鲜明的时代特色、实践特色、理论特色、民族特色,使 21 世纪中国的马克思主义展现出更强大、更有说服力的真理力量。①

二、构建新时代科学的意识形态治理体系

新时代牢牢掌握意识形态工作领导权,还必须构建科学的意识形态治理体系。党的十八届三中全会指出,全面深化改革的总目标是完善和发展中国特色社会主义制度,推进国家治理体系和治理能力现代化。作为党治国理政中"极端重要"的意识形态工作不仅属于国家治理系统中的文化治理,亦对其具有定向导航、凝魂聚气、评判调节等功能。因此,构建新时代科学的意识形态治理体系,有助于党牢牢掌握意识形态工作领导权,推进我国意识形态治理体系和治理能力现代化。

(一) 实现意识形态治理思维战略转型

思维转型是工作方式转变的先导。苏共意识形态工作长期呈现出简单粗暴和高压强制的特征,深层原因就在于意识形态工作思维未能从革命型向执政型转变,长期陷于"以阶级斗争为纲"的惯性思维泥潭。中华人民共和国成立以来,我们党的意识形态工作思维经历了从"纲"型思维到"中心"型思维再到"大局"型思维的转变。② 改革开放之前主要是"纲"型思维,即指"以阶级斗争为纲"的思维模式,直接来自对"苏联模式"的照搬,意味着国家的经济、政治、文化等一切工作都必须在"阶级斗争"这个框架下开展。在这种封闭的"左"的思维禁锢下,党的工作重心发生偏离,亟待健全的国家科层制遭到毁灭性打击,意识形态本身也

---

① 蔡勇春:《牢牢掌握意识形态工作领导权》,人民网 2017 年 12 月 1 日。
② 胡凯、杨竞雄:《苏联社会主义意识形态管理之失及其对我国的启示》,《南华大学学报(社会科学版)》2014 年第 4 期。

趋于僵化，接连不断的政治运动和不切实际的经济措施以及最终导致的"十年浩劫"给党和国家造成了重大损失。改革开放以来转向"中心"型思维，即指意识形态工作为经济建设这一中心工作服务的思维模式。这种思维意味着包括意识形态在内的一切工作都围绕着经济建设这一中心来运行。与"纲"型思维相比较，"中心"型思维不仅实事求是地反映了时代转化的大背景，而且更加符合经济基础与上层建筑之间的辩证关系原理。但是，这种意识形态工作思维的定位不够明确，导致了实际工作中的尴尬；在市场经济环境中也容易滋生实用主义、功利主义和拜金主义等不良思想倾向；没能很好地凸显意识形态的正面引导功能。党的十八大以来进入新时代，转向"大局"型思维，即指意识形态工作要围绕中心、服务大局，这是社会主义意识形态治理的基本要求。"大局"型思维要求不仅要围绕经济建设这个中心来开展，更要服务于三个层次的"大局"：其一，实现社会主义现代化强国和中华民族伟大复兴中国梦的大局；其二，党和国家工作大局、改革发展稳定大局、党的领导和社会主义政权安全大局、全党全国人民团结大局；其三，因改革步入攻坚期和深水区而导致的发展黄金期和矛盾凸显期并存的国内大局、大发展大变革大调整的国际大局。意识形态工作的"大局"型思维内在地要求把意识形态工作提高到"极端重要"的位置，立基于三个大局，把握当今中国和世界发展的历史潮流和中长期趋势，着眼于党和国家正在和即将面临的各种重大现实问题，增强主动性、把握主动权、打好主动仗；并与时俱进推动马克思主义中国化、时代化、大众化，促进社会主义意识形态治理能力的现代化，进而完善党领导下的社会主义治理模式。

（二）准确定位意识形态治理主客体

社会主义意识形态工作是一项系统性工程，像苏联那样把如此宏大和重要领域的运转和安危尽系于一两个领导人身上无疑是极端错误和危险的。因此，从意识形态治理的主体角度而言，正如习近平总书记指出的，做好意识形态工作必须全党动手，各级党委要负起政治领导责任，加强对意识形态领域重大问题的分析研判和重大战略性任务的统筹指导，不断提高领导意识形态工作的能力和水平；同时，要树立大宣传的工作理念，动员各条战线各个部门一起来做，把意识形态工作同各个领域的行政管理、行业管理、社会管理更加紧密地结合起来。① 因此，我国意识形态治理主体包含四个层次：一是领导主体，即作为中国特色社会主义事业领导核心的中国共产党（专职机构，如中央宣传部）；二是主导主体，即党领导下的国家政权机关（如文化教育部门、广电部门）；三是参与主体，即公共或私人、营利或非营利的社会组织，包括人民团体、企事业单位、新闻媒体单位、科研教育机构、各类行会协会等；四是终极主体，即作为实践主体和历史创造者的人民群众。在此基础上着力构建党委领导、政府负责、社会协同、公众参与、法治保障的社会主义意识形态"大治理"格局。在工作实践中，正确把握不同主体在治理模式中的不同作用，并由此探索包括目标管理、联动监督和绩效评估体系在内的自上而下、自下而上和横向互动有机结合的共治型意识形态治理运行体系。意识形态治理的客体包含三个方面：一是思想，即主流意识形态和其他社会思潮、社会心理等；二是物，即意识形态领域内外各种物质性资源，包括意识形态治理体制内的机构设施、运行制度及相关资产等；三是人，即意识形态部门的工作人员、党和国家各级机关干部及社会成员。②

（三）实现意识形态治理方式转型

实现意识形态治理方式转型，加强网络虚拟社会的意识形态治理。新时代党在网络环境下领导意识形态治理，做好意识形态工作，必须切实过好互联网这一关，其前提必须坚持以社会主义核心价值观作为引领，因为网络虽是中性的，但网络文化却具有鲜明的意识形态属性。在此基础上，党必须改进意识形态治理方式尤其是领导方式，③才能牢牢掌握意识形态工作领导权，开创意识形态工

---

① 习近平：《胸怀大局把握大势着眼大事 努力把宣传思想工作做得更好》，《人民日报》2013年8月21日。
② 胡凯、杨竞雄：《习近平社会主义意识形态治理思想探析》，《思想政治教育研究》2014年第6期。
③ 历史地看，党的意识形态领导方式萌芽于烽火连天的战争年代，成型在高度集中的计划经济体制时期，虽能在锐意进取的改革开放进程中不断调整，但仍不可避免地带有单向强制灌输和直接宣传鼓动等旧的烙印。——笔者

作新局面。具体而言,党的意识形态治理方式要致力在以下几个方面实现转型:由独白式转向对话式、由抽象式转向形象式、由单一式转向融合式。①

1. 由独白式转向对话式

传统的意识形态领导方式往往是意识形态推行者居高临下、单向度地进行宣讲和灌输,几乎不考虑受众的个体差异,由此实际上成了自说自话的"独白"。新时代党在网络环境下要加强意识形态治理、做好意识形态工作,必须充分利用并发挥互联网自由性、平等性、互动性强的特点,意识形态工作者要主动放低身段,融入网民大众,通过"对话式"的平等交流,缩短与网民的心理距离,在如沐春风的沟通中产生思想共鸣或达成底线共识。具体说来,可以充分利用思想教育网站、聊天室、电子公告牌等,开展网上谈心、网上辩论和网上咨询辅导等。

2. 由抽象式转向形象式

传统意识形态领导方式的一个突出弊端,就是抽象枯燥,集中体现在承载意识形态功能的载体之一——文艺作品中,它们当中很多都存在主题先行、简单图解的问题,从而削弱了其应有的感染效果和化育功能。恩格斯早就指出,文艺作品的"倾向应当从场面和情节中自然而然地流露出来,而不应当特别把它指点出来"。而且"作者的观点愈隐蔽,对艺术作品来说就愈好"。事实上,历来优秀的文艺作品,大都是通过真实、生动、细腻的形象描写来表达自己的倾向性的。

新时代要建设社会主义主流意识形态和有效传播社会主义核心价值体系,亟须改变传统的直接、粗放的宣传灌输方式,不能再是口号与教条满天飞,而要充分重视审美中介的作用,依靠真实具体而亲切的艺术形象打动人心。正如马克思和恩格斯所指出的:"我们不是从人们所说的、所设想的、所想象的东西出发,也不是从口头说的、思考出来的、设想出来的、想象出来的人出发,去理解有血有肉的人。我们的出发点是从事实际活动的人。"②这样,社会主义主流意识形态就不只是一种信仰体系,而且还成为一种文化—审美体系,具有了感性化、生活化的特点。这样,社会主义意识形态就不再是飘浮于抽象思辨高空的云朵,

---

① 梁刚:《论网络时代的意识形态领导权问题》,《当代世界与社会主义》(双月刊)2012年第3期。
② 《马克思恩格斯选集》第1卷,人民出版社1995年版,第73页。

而是将根深深扎在了网民大众日常生活的坚实厚土中,意识形态工作就能寓教于乐,寓教于形象,具有很强的现实针对性。只有当社会主流意识形态与社会成员的日常审美意识水乳交融,以形象化方式融入人的深层心理结构,才能进一步提高社会主义核心价值体系的感召力、感染力,党的意识形态领导权才算真正得以巩固。

3. 由单一式转向立体式

传统的意识形态领导方式带有单一封闭性。过去我国意识形态建设主要依靠的是团体组织的力量,其作用方式也主要是一种全民动员和群众运动的方式。党的意识形态领导往往集中于社会政治领域,意识形态部门对现代科学技术飞速发展表现出某种隔膜,对如何运用现代科技发展的最新成果来建设社会主义主流意识形态更是缺乏探索。

党的十八大以来,我们积极应对传播形态、传播格局深刻变革带来的挑战,统筹推进国内国际传播能力建设,不断创新传播手段、开辟传播平台、拓展传播渠道,基本形成了多层次、立体化的现代传播体系。尤其是,我们大力推动传统媒体和新兴媒体融合发展,把发挥传统媒体内容优势和新兴媒体传播优势紧密结合起来,努力实现优势互补、此长彼长,我国媒体传播能力得到了大幅提升,为巩固壮大主流思想舆论赢得了战略主动。

以往的意识形态工作失误之一,就是对工作对象采取"一刀切"的做法,没有充分考虑到受众在觉悟层次、思想症结和心理诉求方面的差异性。当下尤其要高度关注移动互联网崛起给提高思想教育工作针对性、实效性带来的新契机。既可以通过短信群发、微信、微博等平台及时发布权威信息,澄清事实、解疑释惑,又可以利用短信和微信开展"一对一"的思想引导工作。在具体工作策略上,要注意把受众区分为若干不同的层面,既鼓励先进,又照顾多数,善于把先进性要求和广泛性要求结合起来。要基于移动互联网打造一个基础扎实、重点突出、层次分明的立体化意识形态工作平台,进一步提升社会主义意识形态的凝聚力和引领力。

此外,党的意识形态领导方式、工作方式走向立体化、科学化还体现在积极探索构建意识形态领导效能评估体系上。人的思想意识和价值观念的形成具有长期性、渐进性、反复性的特点，必然会给意识形态工作效果带来某种不确定性和实际困难。因此，必须坚持定性与定量相结合、静态与动态相联系的原则，把直接、近期效果与间接、远期效果统一起来，制定科学的效能评估体系，对各种意识形态领导的创新手段效果实施监测，以便及时发现问题，调整策略，推广有益经验。

总之，新时代通过构建意识形态治理的科学体系，摆脱单一线性的意识形态工作思维，实现意识形态治理思维的战略转型，准确定位意识形态治理主客体，实现意识形态治理方式转型，加强网络虚拟社会的意识形态治理，并建立能向决策者及时反馈的意识形态工作新机制，从而使我们党牢牢掌握意识形态工作领导权，进而开创意识形态工作新局面。

三、做好主流意识形态的宣传和普及工作

坚持和推进新时代中国特色社会主义伟大事业，必须坚定"四个自信"特别是理论自信和文化自信，[①]因此要做好主流意识形态——习近平新时代中国特色社会主义思想的宣传普及工作，必须做到"两个巩固"：巩固马克思主义在意识形态领域的指导地位，巩固全党全国人民团结奋斗的共同思想基础。只有理论真正能够深入人心、深入生活，成为人民群众日常的行为规范，才能建立起长久的理论自信。

（一）宣传思想工作不能自我孤立、自娱自乐

宣传思想工作不能自我孤立、自娱自乐，而要得到人民群众的认同和接受。苏共的宣传思想工作在很长一段时间里曾经做得有声有色，孕育出了一大批英雄人物和影视、文学、歌曲、美术等反映时代风貌的艺术作品。但是到勃列日涅夫执政时期，苏共宣传思想工作尽管投入了巨额资金，但是实际效果却是广大民

---

① 理论和文化是道路和制度背后更深层的存在，理论自信和文化自信为道路自信和制度自信提供坚实的支撑，因此，要坚定道路自信和制度自信，首先要有理论自信和文化自信。——笔者

众对西方民主思想的狂热和对主流意识形态的排斥。巨额投入与现实效果之间呈现出的巨大反差,鲜明地反衬出苏共宣传思想工作的失败。

这种结局与苏共宣传思想工作长期的自我孤立直接相关。这种自我孤立主要表现在两个方面。首先,把宣传思想工作与文化建设工作生硬地割裂开来。意识形态作为观念的体系,它兼具了政治和文化两个方面的功能和属性。正是由于这样的特性,意识形态宣传教育必须与本国的文化建设紧密结合,尤其要注重从本国、本民族的优秀传统文化中汲取宣传思想工作的养分和资源,不断丰富意识形态宣传教育的形式与内容,从而在引领和活跃人民群众精神文化生活的过程当中,有效发挥统一思想认识、凝聚社会共识的作用。事实表明,苏共领导人在很大程度上忽视了宣传思想工作的文化属性,将其简单等同于灌输式甚至是强迫式的政治说教,内容刻板、语言干瘪、态度生硬甚至于粗暴,让人心生畏惧而又反感厌恶。其次,把宣传思想工作与人民群众的利益关切生硬地割裂开来。在苏联推进社会主义工业化、建设"发达社会主义"的过程中,国民经济比例失调的问题长期存在,由于农业和轻工业的不发达,人民群众的日常生活用品无论是在数量上还是质量上都难以得到满足。此外,苏联各行业、职业内部长期存在着分配不公,普通群众对特权阶层的不满情绪相当强烈。然而,苏共的宣传思想工作未能正面回应人民群众的不满情绪,甚至不愿意承认这些问题的存在,当然也就更不能正确地回答如何解决这些问题。

宣传思想工作的自我孤立使苏共的意识形态说教不仅在形式上拒人于千里之外,而且在内容的真实性上也大打折扣,导致民众的排斥心理越来越强烈。到了勃列日涅夫执政后期,苏联全国上下"意识形态迷茫"的问题已经十分严重,广大民众在马克思主义与形形色色的非马克思主义和反马克思主义思潮之间难以分辨是非正误,谈不上主动地选择马克思主义,更谈不上坚定地信仰马克思主义。戈尔巴乔夫执政后情况继续恶化,苏共在戈尔巴乔夫"新思维"的指导下全面放弃了马克思主义的指导地位,以"公开性"放弃了对思想文化领域的意识形态管控,一些得到西方势力支持、具有强烈反共情绪的持不同政见者和知识分子也"大展拳脚",最终导致苏共意识形态阵地在短时间内出现了全线崩溃,不得不拱手让出了自己的执政权。①

(二) 对社会思潮重疏导引导,而不能倚重强力管控

苏共对社会思潮重强力管控而轻疏导引导,极大地损害了苏共的执政形象。社会思潮多元化是社会发展到一定阶段后必然出现的现象。赫鲁晓夫执政后,作为全面否定斯大林的一项举措,在文学艺术领域推行"解冻"政策,允许在文艺创作中有限度的思想自由,使苏联开始出现了社会思潮的多元化。到了勃列日涅夫执政时期,随着苏联综合国力的显著增强以及与西方接触的增多,社会思潮多元化的态势得到了迅速发展。对于社会思潮多元化的状况,本应以马克思主义为指导加以理性分析和正确引导,但苏共高层却采取强行取缔"地下出版物"并严惩当事者的做法。这种缺乏马克思主义引导的简单压制的做法,不仅没有制止各种宣传西方思想的"萨米兹达特"——地下出版物涌现,而且还使其中的一些出版物在民众中迅速传播,并对社会心理产生了巨大影响。随之而来的是,苏共通过克格勃系统严密监测和追踪这些出版物的源头,进行强制性的取缔和销毁,并且以"思想颠覆"罪名对编辑传播者施以流放、判刑、强制关押精神病院、驱逐出境等严苛惩罚。这些简单粗暴的办法不仅不能解决问题,反而极大地损害了苏共的执政形象,并且在国际社会给苏联造成了恶劣影响,成为西方国家对苏联加强政治抨击和思想渗透的口实。到了勃列日涅夫执政后期,越来越多的苏联公民热衷于夹带西方出版物入境,宣传和传播西方思想成为隐秘的时髦,马克思主义主流意识形态如同冰雪消融般瓦解,并最终导致了戈尔巴乔夫时期苏共意识形态工作的彻底失败。②

(三) 通过说服教育做好意识形态工作

做好意识形态工作,应更多通过说服教育而非行政甚至强力手段。意识形态属于社会意识和精神的范畴,是最不能强制、强迫的;意识形态工作是做人的

---

① 姜长斌、马龙闪:《以科学社会主义观认识苏共意识形态的消亡》,《学习时报》2007 年 3 月 14 日。
② 蒋红:《苏共意识形态工作的深刻教训》,《红旗文稿》2016 年第 15 期。

工作，主要通过说服教育，尽量少用行政手段，不用专政手段。苏共长期依靠行政压制措施，采取"武器的批判"，因而不仅没能说服广大民众，就连一些"理论精英人物"也没有被说服而真心服膺于它的僵化的理论教条。至此，他们在苏联持不同政见者用外界思想理论武装面前，在戈尔巴乔夫实行"公开性"，在西方五光十色的理论学说和文化思潮面前，束手无策、一无所措，便"一夜之间"败下阵来。①

因此，要做好意识形态宣传普及工作：首先，要用鲜明的立场和彻底的逻辑把理论讲清楚，这也是掌握意识形态工作领导权和主动权的基础。意识形态工作说到底是在讲道理，这就要求认真研究中国特色社会主义的历史逻辑、理论逻辑和实践逻辑，把我们正在做的事情为什么好，我们的制度选择为什么优越等重大问题向群众讲清楚讲明白。其次，用群众听得懂的话在群众感兴趣的地方讲道理，这是掌握意识形态工作领导权和主动权的关键。习近平总书记提出的中国梦，从话语体系上进行了创造性转换，赢得了国际社会理解、认同与尊重，也得到了人民群众的认同与接受。再次，要坚持正确舆论导向，敢于亮剑、勇于担当，有理有利有节开展舆论斗争，这是掌握意识形态工作领导权和主动权的基本功与必由之路。思想舆论领域大致有红色、黑色、灰色"三个地带"。红色地带是我们的主阵地，一定要守住；黑色地带主要是负面的东西，要敢于亮剑，大大压缩其地盘；灰色地带要大张旗鼓争取，使其转化为红色地带。②

（四）针对不同受众群体采用相应方法

做好意识形态的宣传和普及工作，还要针对不同的受众群体采用不同的方法。给领导干部宣讲理论，可以通过党校课堂；但是跟普通群众讲理论，就不能单纯依靠党校课堂，因为这样做不现实，客观条件不允许，而且效果也未必好。所以要通过文化和社会生活渗透思想理念，通过党员干部做事的方式去渗透理念，这样才能让思想理念深入生活、深入人心，形成日常的行为规范，从而使人民群众真正从内心认同和接受我们的理论，我们也才能有理论自信。

---

① 姜长斌、马龙闪：《以科学社会主义观认识苏共意识形态的消亡》，《学习时报》2007年3月14日。
② 习近平：《在全国党校工作会议上的讲话》，《求是》2016年第6期。

四、有效防范西方和平演变战略对我国的渗透

纵观苏联剧变我们不难发现,西方的和平演变策略起到了重要作用。十月革命打破了资本主义一统天下的局面,世界进入了"一球两制"的历史进程。一种新生的社会制度的诞生和巩固,总会伴随各种复杂的斗争。资本主义国家及其统治者处心积虑企图颠覆社会主义制度,它们主要采取两种手段:武力干涉与和平演变。苏维埃国家成立之初,就有西方国家的首脑宣称,要将苏维埃政权"扼杀在摇篮中",十多个国家曾联合对苏俄进行武装干涉;德国法西斯武装入侵苏联更是一次生死存亡的严峻考验。然而,西方国家对苏联的军事颠覆阴谋并未奏效。二战以后,以美国为首的资本主义阵营着重采用意识形态渗透与和平演变的方法。大量材料证明,冷战期间西方国家对社会主义国家实行和平演变是一种既定战略,是有计划、有步骤开展的。对东欧、中国、古巴、越南都实行这一战略,但主要是针对苏联。在西方国家眼里,苏联不仅是社会主义阵营的"头",是拥有核武器且是唯一能与美国抗衡的超级大国。即使社会主义阵营瓦解后,苏联也是西方世界最强的对手。赫鲁晓夫执政后,采取相对宽松和开放的内外政策。各种西方思潮乘机而入,侵蚀战后成长的一代青年,使苏联青年的价值观和生活方式发生变化,为和平演变提供了有利条件。苏共领导层对这种现象虽忧心忡忡,却找不到应对的良策。这一切,在苏联晚期戈尔巴乔夫改革"新思维"引起社会思想极度混乱、沉渣泛起的条件下,西方思潮的大举进入更增添了乱象。值得一提的是,苏联晚期社会上各种政治反对派登台表演,许多反对派得到西方国家支持和资助。在苏联演变的众多因素中,西方国家和平演变无疑也是一个重要因素。

和平演变战略在苏联剧变中取得了成效,正如俄罗斯《独立报》指出的,"排除美国政策的作用来分析苏联解体的原因,就像是在调查一次突然的、出人意料的、秘密的死亡事件时,忽视了被扼杀致死的可能性"。[①] 但是,马克思主义唯物

---

① [俄]《独立报》1996年10月14日。

辩证法告诉我们,内因是事物变化的根据,外因是变化的条件。根据这一原理,对于和平演变在苏联解体中的作用不宜过分夸大,应恰如其分加以分析。对此,美国原驻苏联大使小杰克·F.马特洛克说过,"造成苏联解体的,并不是西方的政策,而是苏联自身政治进程的失败","美国不可能从外部推翻苏联政权",美国和西方对苏联的解体,"其作用仅仅在于,他们所支持的政策有助于创造使苏联解体的条件。是苏联国内的政治势力,而不是外部的敌对势力,应该对没有建立起一个可接受的联盟负责"。① 平心而论,这位美国政治家对苏联解体内部和外部原因的分析和评价,还是比较客观的。

可以预期,当下和未来很长一段时期,在意识形态领域,西方的文化和价值理念对我国的渗透都将存在。因此,意识形态领域斗争依然复杂,国家安全面临新情况。② 从国际上看,围绕发展模式和价值观的较量日益凸显,各种思想文化交流、交融、交锋日趋活跃,意识形态领域渗透与反渗透的斗争尖锐复杂。伴随着中国经济上的成功,中国发展模式的影响日益扩大。西方一些势力虽然不能不承认中国的经济成就,但从来没有也不可能认可中国的政治制度,反而认为中国的成功会威胁到西方制度模式和价值观。中国作为共产党领导的社会主义国家,将长期面对西方遏制、促变的压力,而意识形态渗透是西方敌对势力对我国推行西化、分化战略的主要手段。西方意识形态渗透的重要特点,就是通过学术话语权消解思想话语权。在国内,国家的发展进步举世公认,改革发展的成果惠及国人,全党的道路自信、理论自信、制度自信和文化自信不断增强,社会各界包括思想界、知识界对中国特色社会主义道路的认同度不断提高,越来越多的人认识到中国走出了一条成功的发展道路,民族自信心和凝聚力大大增强,实现中华民族伟大复兴中国梦和中国特色社会主义成为社会思想领域最强劲的主旋律。同时,在社会深刻变革和对外开放不断扩大的条件下,各种社会矛盾和问题相互叠加、集中呈现,人们思想观念的独立性、差异性、多样性、多变性日益增强,一些

---

① [美]小杰克·F.马特洛克:《苏联解体亲历记》下卷,世界知识出版社1996年版,第783、785页。
② 习近平:《决胜全面建成小康社会 夺取新时代中国特色社会主义伟大胜利——在中国共产党第十九次全国代表大会上的报告(2017年10月18日)》,人民出版社2017年版,第9页。

错误观点时有出现,有的宣扬西方价值观,有的拿党史国史做文章搞历史虚无主义,有的否定改革开放,有的否定四项基本原则,一些腐朽落后思想文化沉渣泛起,拜金主义、享乐主义、极端个人主义有所滋长,等等。①

苏联剧变告诉我们,一个政权的瓦解往往是从思想领域开始的,政治动荡、政权更迭可能在一夜之间发生,但思想演化是个长期过程。思想防线被攻破了,其他防线就很难守得住。因此,必须坚定中国特色社会主义理论自信和文化自信,大力推进马克思主义中国化、时代化、大众化,才能扎实做好意识形态工作,让中国特色社会主义理论和社会主义核心价值观真正深入人心、深入生活,成为人们的日常行为规范,从而有效防范西方和平演变战略对我国意识形态领域的渗透。

---

① 《意识形态话语权不能旁落　否则要犯无可挽回错误》,《求是》2013 年第 17 期。

附　录

导　言

列宁时期对待人文社会科学知识分子：无奈—驱离

革命胜利之初，局势紧张，政权未稳，几乎所有的出版物都掌握在对苏维埃政权怀有观望、不满乃至敌对情绪的人文社会科学知识分子手里，他们在报纸上抨击新政权的各项政策措施，甚至散布谣言，在民众中造成思想混乱。布尔什维克领导人深知报刊等出版物对民心起伏和社会安定的极端重要性。1917年11月，列宁就以人民委员会的名义签署了《关于出版的法令》，封闭所有煽动反抗或不服从新政府、鼓动犯罪行为或故意歪曲事实真相的报纸，理由是，在新政权刚刚确立的紧要关头，报纸是"有时比炸弹和机关枪更具有危险性的武器"。列宁知道，建立书报检查制度、封闭报纸显然有悖新闻自由的原则，所以法令中声明，取缔各种各样的反革命刊物，是一项"临时性的紧急措施"，"只要新社会秩序一经巩固，便将撤销对出版物的一切行政管制，并将按照最宽容最进步的规章，在担负法律责任的范围内予以出版物充分自由"。[①] 但是这一诺言并未兑现，随着社会政治形势逐渐稳定，对出版物的行政管制非但没有放松，反而将书报检查进一步制度化、合法化。封闭报纸、实行严格的书报检查制度，立即在知识分子中引起强烈的反弹和不满。

[①] 转引自[美]约翰·里德：《震撼世界的十天》，人民出版社1980年版，第362页。

在俄国,自然科学家和技术型知识分子虽有一定数量,但他们不是政治舞台上的主角,只有具有独立思想、批判精神的人文社会科学知识分子及革命知识分子,才在政治和社会舞台上演出一幕幕悲喜剧。沙俄时期,这两类知识分子大体上持有共同的立场,即揭露沙皇统治的黑暗和腐败。十月武装起义胜利后,布尔什维克领导人而今成了执政者,社会角色的转换使他们与人文社会科学知识分子的关系发生了巨大的变化。一方面,人文社会科学知识分子往往具有桀骜不驯的独立性格,有自己的信仰,不屈从任何"权威"和迷信;另一方面,这些人具有较强的社会批判意识,他们往往以揭露当政者的腐败和社会的阴暗面为己任。苏维埃建政初期,如果说布尔什维克对技术知识分子采取赎买政策,利用他们的知识和技能为新社会服务,得到这类知识分子认同和接受的话,对那些有独立政治见解和批判精神的人文社会科学知识分子来说,这样的政策就不适用了。在革命胜利后的若干年内,这类知识分子仍秉持原有传统精神,对执政的布尔什维克采取不合作甚至对立和对抗的立场,严厉批判苏维埃的各项政策。他们利用各种舆论工具,经常用极端的言论揭露"真相",以抽象的民主自由和超阶级的人道主义批判"无产阶级专政"的残暴和践踏人权,这对处于立足未稳、内外交困境况下的新政权执政者来说是难以接受的。然而,布尔什维克既不能封住他们的嘴,又不能将他们全部划为"专政对象"加以镇压。苏维埃政权初期,列宁和俄共(布)尚未找到对这类知识分子合适的政策和方法,只能时时加以警惕,限制其活动范围,对其反苏维埃的言行予以取缔,契卡也逮捕和镇压了一些怀有敌对情绪的知识分子,并有选择地采取驱离政策。

明显的例子有两个:一是高尔基的出走,二是所谓"哲学船"事件。

高尔基是著名的左翼作家,他的作品描写了俄国底层劳苦大众的生活,充满了人道主义的情怀,深刻揭露了沙皇专制统治的黑暗与暴虐。他还接受了马克思主义的影响,早年就加入俄国社会民主工党,被誉为"无产阶级文学之父",在俄国内外享有盛誉。列宁与高尔基两人于1905年年底初次会面后,就结下深厚的友谊。1907年高尔基新作《母亲》刚出版,列宁就一口气读完,称赞这是"一本很及时的书"。当时革命正处于低潮,这部描写一个工人家庭出身的少年开始觉醒并走上革命道路的小说,极大地鼓舞了人们的斗志。之后,两人关系变得复杂起来:一方面,列宁仍密切关注和讨论高尔基的作品,在通信中鼓励他"必须经常不断地同政治上的颓废、变节、消沉等现象进行斗争";另一方面,由于受波格丹诺夫等人的影响,列宁对他作品中表现出来的造神论等倾向进行严肃的批评。高尔基虽不赞同列宁的看法,两人的观点出现分歧,但他们之间的思想交往和友谊始终保持着,严重的分歧出现在1917年革命前后。

二月革命爆发后,高尔基满怀兴致地认为这场革命使"俄罗斯人民同自由联姻了"。5月初他创办《新生活报》,在这份报纸上开设题为"不合时宜的思想"的专栏,宣传自己的观点。此时他的基本政治倾向站在孟什维克一边,列宁没有直接指名批评高尔基,只是在一些文章里揭露了《新生活报》所持的立场和观点。

十月革命期间,高尔基不赞成布尔什维克武装起义的方针,他把群众的革命热情称为"卑劣的本能的爆发";革命胜利后,又接连发表文章和在"不合时宜的思想"专栏内发表短评,否定这场革命。他声言反对一切暴力行为,对新政权采取的所有措施几乎都进行挑剔和批评,甚至称列宁正在"拿俄罗斯人民做一次预先注定要失败的试验"。在革命胜利之初,新旧交替、社会秩序混乱,一些地方确有卑劣之徒混迹其间,民众的盲目行为也会加剧混乱局面,高尔基的这些话语有一定的合理性;但列宁更多的是考虑政权的稳定性,破坏一个旧世界,在政治家看来,在一段时期内由乱而治,是不可避免的。这是大文豪与政治家之间由于立场和价值观的差异而产生的罅隙,但列宁始终认为"高尔基不可能离开我们,他的这一切都是暂时的"。1918年7月,苏维埃政府决定查封《新生活报》后,列宁就此事说过这样一段话:"当然,《新生活报》需要查封。在现在的这种需要发动全国人民保卫革命的条件下,任何知识分子的悲观主义都是极其有害的。而高尔基是我们的人……他同工人阶级和工人运动有着非常牢固的联系,而且他本人就出身'下层'。他一定会回到我们这里来。"实际上,高尔基思想上也是有矛盾的,他对列宁始终保持着一份诚挚的感情。1918年8月30日发生列宁被刺事件后,高尔基受到极大震惊,他立即致电慰问,并亲自到克里姆林宫看望列宁。后来在谈到这次会见时,高尔基说,在谋杀列宁的事件发生后有一点已经完全清楚了,即列宁不仅仅是布尔什维克的领袖,而且是整个无产阶级的领袖,"正是从这时起,我的那种深信'夺取政权的做法不正确'的看法消失了"。在1919—1921年间,高尔基与列宁的关系有所改善。不过高尔基的思想没有多大转变,他对苏维埃政权所采取的镇压措施仍持强烈的反对态度,尤其对迫害知识分子更为愤慨。凭着高尔基的声望和友情,他也许是能够直接与列宁沟通的"不同政见者",他多次写信给列宁,为一些人求情,要求放弃对反对派和知识分子使用暴力,声援和营救一些被关押的人。这一切,在列宁看来,是由于高尔基一直受那些不满或敌视苏维埃政权的资产阶级知识分子所包围,脱离了工人、农民和革命后新的现实而造成的。因此,列宁想使高尔基改换一下生活环境,1919年7月他致信高尔基,信中说"看来您在彼得格勒住得实在太久了。总待在一个地方不好,会感到疲倦和厌烦的"。信中劝他"出去走走",并答应一定会"把此事安排好的",[①]但高尔基拒绝了这样的安排。

列宁与高尔基的友谊继续维持着,但两人的分歧日益明显。分歧的根本原因在于,列宁从维护苏维埃政权出发,认为对构成威胁的反对党如孟什维克、社会革命党的领袖人物,以及那些敌视新政权的知识分子实施"专政"是绝对必要的,政权的生存利益是第一位的,不能用抽象的民主、自由损害基本群众的根本利益;高尔基则从"人""人性"出发,认为施用暴力关押和杀戮这些知识分子是可耻的、犯罪的行为。两人的观点相左,每当国内和彼得格勒发生一些事端,高尔基总会给列宁写信,信中常说一些"怒气冲天的话",批评和斥责布尔什维克和契卡的暴行。列宁认为,高尔基所表现出的完全是一种"病态心理",他在一封信中对高尔基说:"生活使您厌恶,和共产主义的'分歧在加深'。"而要改变这种状况,就应当到下面去观察。列宁说:"我不想强迫您接受我的劝告,但是我不能不说,您要彻底改换环境,改换接触的人,改换居住的地方,改换工作,否则生活会使您完全厌恶。"[②]

然而,此刻高尔基听不进列宁的批评与规劝,也使列宁颇为无奈,在给时任

[①] 《列宁全集》第49卷,人民出版社1988年版,第10页。
[②] 《列宁全集》第49卷,人民出版社1988年版,第45—46页。

彼得格勒党委书记季诺维也夫的一封信中,列宁写道:"应该让他到乡下去,他根本不想去……我不晓得该怎么办,现将我给高尔基的信的副本秘密寄给你,你有机会和他谈谈。"①在列宁看来,高尔基不是政治家,但是一个有影响力的大作家,他所处的环境使他只会"把全部精力都花在听取那些不健康的知识分子的不健康的埋怨上,花在观察处于严重军事危险和极度贫困之中的'故'都上"。② 他的立场是孟什维克的,在严酷的斗争环境中,他会成为一个制造麻烦的人物,列宁不愿意看到高尔基完全站到敌对的立场上去,因此,在劝说无效的情况下,列宁希望高尔基出国一段时间。1921年秋,高尔基健康状况不佳,病情加重,列宁给卫生人民委员谢马什科写信,要他指定专人把高尔基等人送出国去治病,强调此事"要办得极其周到"。③ 然后列宁又给高尔基写信,敦促他赶快出国去,信中说:"您在咯血,可您还不走!这实在太过分,太不合理了……去吧,把病治好。别固执了,我求求您。"④高尔基终于接受了列宁的劝说。

1921年10月8日,高尔基写信跟列宁告别,离开苏俄去了欧洲。可以说,高尔基此行,是对他的一次善意的"驱离"。

第二个事例是所谓"哲学船"事件。实行新经济政策后,经济生活开始宽松,各种思潮随之活跃,政治上失势的孟什维克和社会革命党人以及一些知识界人士发出要求实现国家民主化的呼声。1922年上半年,一些知名的哲学家、经济学家、医学界人士、合作社工作者相继著文要求给科学家更多自由和更宽松的环境,减少外行对专家的行政干预。这些声音引起执政党领导人的注意。对这些苏维埃政权一直心怀不满的知识分子,既不能一概采取强硬的专政措施,斩尽杀绝,又不能放任他们的言行,因为这会给政权带来危害,因此,早在这年年初,列宁就有了将这些知识分子流放和驱逐出国的想法。他在《论战斗唯物主义的意义》一文中说,俄国有一些知识分子总是利用各种场合高喊民主,指责布尔什维克违背民主,其中不少人甚至拿我们国家的钱,在我们国家机关里担任教育青少

---

① 《列宁全集补遗》第1卷,人民出版社2001年版,第348页。
② 《列宁全集》第49卷,人民出版社1988年版,第44页。
③ 《列宁全集》第50卷,人民出版社1988年版,第163—164页。
④ 《列宁全集》第51卷,人民出版社1988年版,第191、192页。

年的职务,但这些人总是与新政权格格不入,列宁说:"俄国工人阶级有本领夺得政权,但是还没有学会利用这个政权,否则它早就把这类教员和学术团体的成员客客气气地送到资产阶级'民主'国家里去了。那里才是这类农奴主最适合的地方。"①5月,列宁致信捷尔任斯基,要他搜集有反革命政治倾向的教授、作家的经历和写作活动的材料,拟定驱逐出境者的名单,要求把这件事"准备得周密一些",并认为这是一项"长期净化俄罗斯"的方针。国家政治保卫局(格勃乌)负责操办这件事,经过几个月的排摸调查,格勃乌列出了一份数百人的名单(其中也包括一批持不同政见的技术知识分子),该名单提交俄共中央政治局及代表会议审定后,8月中旬开始执行。

对于这份名单,党内高层也有不同意见,一些高级干部站出来为名单上有些人士辩护,如卢那察尔斯基为彼得格勒大学教授拉普申、加里宁为社会活动家基什金、奥新斯基为农业经济学家康德拉季耶夫、克尔日扎诺夫斯基和皮达可夫为工程师帕尔钦斯基辩护,他们证明这些被辩护人的学识对苏维埃国家的重要性。时任最高国民经济委员会主席的彼·波格丹诺夫写道:"库科列夫斯基教授是留在国内的两三位水力发动机和水利装置领域的专家之一,这个领域今后在俄国电气化和利用水力资源方面对我们有非常大的意义。"政治局责成捷尔任斯基修改这一名单,并由一个委员会重新审定后,决定因"有利于国民经济"而免除若干人的驱逐,但行动的基本进程没有改变。在这一事件中,列宁一直密切注视着驱逐的进程,并指示要加快行动。对进入名单的人先实施"隔离"(当时用语),将其关进监狱或软禁在家,随后进行审问,审问内容都是一样的:对苏维埃政权机构和无产阶级国家体系的看法、对知识分子及社会团体的任务的看法、对教授罢课的看法、对"路标转换派"的看法以及对审判社会革命党人的看法等。不论做出什么样的回答,审判员立刻就做出判决:受审人"触犯俄罗斯苏维埃联邦法律第57条",予以驱逐出境。被驱逐者还须签署两份文件:保证未经许可不得擅自回国,以及一份出国费用安排。9月29—30日,第一批被驱逐者搭乘"哈肯市长"

---

① 《列宁选集》第4卷,人民出版社1995年版,第655页。

号轮船离开彼得格勒,第二艘班轮"普鲁士"号于11月16日离港,还有一些人通过其他交通工具被驱逐出国。由于比较集中地搭乘轮船被逐,故这一事件后来被称为"哲学船"事件。

在这一事件中,前后约有300—400名俄国文化科学界的知识精英及活动家被分批驱逐出境。① 其中有思想家尼·别尔嘉耶夫、哲学家尼·洛斯基、哲学家列·卡尔萨文、经济学家和神学家谢·布尔加科夫、宗教和政治哲学家伊·伊林、哲学家谢·弗兰克、作家与历史学家费·斯捷蓬、社会学家皮·索罗金、作家米·奥索尔金、语言学家谢·特鲁别茨科伊、经济学家尼·康德拉季科夫以及莫斯科大学校长(动物学家)米·诺维科夫等称得上大知识分子的著名学者,另有一批医生被流放遣送到边缘的荒漠省份。

在苏维埃国家实施新经济政策一年多时间、社会生活趋于稳定之后,为什么还会发生这样一个令人震惊的事件呢?

应该说,列宁对知识分子存在矛盾的心态。一方面,他知道恢复经济,实现全俄电气化计划,需要大批知识分子参与,新政权建立不久,无法培养和造就一支红色知识分子队伍;另一方面,旧社会留下的各类知识分子,对苏维埃政权普遍采取消极、冷淡乃至对立的态度。因此,在列宁和布尔什维克看来,对直接在一线从事技术开发、教育卫生、经营管理的知识分子,即前面我们所说的技术知识分子来说,新政权少不了这些人,否则整个社会生活将陷于瘫痪。而这类知识分子中的大多数比较不关心政治,不参与政治活动,可以用高薪赎买的政策,只要给他们提供必要的或稍微优裕的物质生活条件,他们就能够为自己从事的职业尽责尽力。

而对人文社会科学知识分子而言,情况就不一样了。就世界观、意识形态与知识体系来说,他们往往与社会主义的思想体系格格不入,他们的"学问"对社会主义事业似乎没有什么用处,而这些专家学者又秉持特立独行的思想和风格,对

---

① 所谓"哲学船"事件只是一种标记性的说法,实际上1922年被驱离的知识分子总数尚无定论,比较集中且有名单可查的约100人,用其他方式驱离的还有不少,目前尚难统计。本研究采用的人数,见郑异凡:《新经济政策的俄国》,人民出版社2013年版,第471页。

现实社会有强烈的批判意识,他们抨击新社会的各项政策措施,尤其对苏维埃实行的"专政"暴行严加揭露和声讨。在列宁和布尔什维克领导人眼中,这些人是"异己分子"和"敌对势力"的代表,与那些技术型知识分子不一样。这类知识分子中的大多数是人文社会科学的专家和学者,尽管也有一些热衷政治的自然科学家和学者参与其中。

如果说劝说高尔基去国外带有善意的成分的话,发生在1922年秋冬季的"哲学船"事件,则是列宁和布尔什维克主动采取的对知识分子强制性的驱离行动。这一行动的出发点,是对这批"资产阶级"知识分子根深蒂固的不放心和不信任。1921年列宁在与艺术家安年科夫会见时说过这样一段话:"总的说来,您大概知道,我对待知识分子没有多大的好感,我们的口号'扫除文盲'不应当解释为想培养新的知识分子。扫除文盲应当是为了让每一个农民、工人能够不用别人帮忙,独立地阅读我们的法令、命令和宣言。目的是非常实际的。仅此而已。"[①]从这段话中可以看到,列宁本人也是一名知识分子,但内心深处却鄙弃知识分子,尤其对那些有独立思想而对苏维埃政权不满的人文社会科学知识分子。当然,在实施新经济政策的相对和平的条件下,沿用战时共产主义时期"大恐怖"的做法"消灭"这些有影响力的专家和学者显然已经不合适,而让这些人对执政的布尔什维克表示忠顺和驯服是不可能的。他们留在国内既"无用"又会"制造麻烦",如列宁所说,布尔什维克还没有学会利用政权来管理和改造这些知识分子,与他们共处并争取他们为新政权服务。出于"敌视"或出于"无奈",将这些资产阶级知识分子驱逐出境,也许是一种"合理"的政策选择。

"哲学船"事件引起了西方社会一片哗然。对此,1922年8月31日,托洛茨基在接受美国记者安娜·路易斯·斯特朗的采访时,第一次对驱逐这些知识分子的原因做了解释:"我们驱逐或将要驱逐的那些人其本身在政治上是无足轻重的。但他们是我们可能的敌人手中的潜在工具。如果发生新的战争纠纷……所有这些不可调和与不可救药的分子将会是敌人的军事政治代理人。那时我们不

[①] 转引自郑异凡:《新经济政策的俄国》,人民出版社2013年版,第472页。

得不按照战争法把他们枪毙。所以我们宁愿在现在,在和平的时期,及时把他们驱逐出境。我希望您不要拒绝承认我们有远见的人道主义,并在社会舆论面前为之辩护。"托洛茨基称这次行动具有"布尔什维克方式的人道主义"。[1]

历史的悖论在于,当年苏维埃政府将这些知识精英逮捕,加上罪名,驱逐出自己的祖国,而从历史的长镜头看,这些被驱逐出境的人,却是被"人道"对待的、"幸运"的,他们逃过了苏联在20世纪30年代"大清洗"的灾难,得以在国外继续自己的学术研究,并为俄罗斯乃至世界文明做出了贡献。索罗金成为哈佛大学第一位社会学系主任,被誉为美国"社会学之父";别尔嘉耶夫成为"当代最伟大的哲学家之一",对整个西方哲学产生了重大影响;特鲁别茨科伊成为享誉世界的语言学家;阿·基泽维特尔是卓越的历史学家……

历史翻过新的一页,当我们今天来评价列宁的知识分子政策的时候,可以用多个维度比较理性地进行分析。首先,列宁把旧社会留下的知识分子都划入"资产阶级"的范畴,视为无产阶级的"异己",虽然从其出身背景和生活条件、受教育的内容和途径看,这有一定的道理,但也有很大的片面性。知识分子不构成一个独立的阶级,因他们在旧社会受过教育、拥有"知识",便把他们视为资产阶级知识分子,这也是一种"偏见"。其实在资本主义社会,知识分子中的一大批人也是出卖智力的脑力劳动者,他们同样受雇于资本家,对此马克思曾做过分析。因此,笼统地将所有知识分子看作异己力量是不妥当的,也无助于制定正确的政策。其次,知识分子是有不同类别的,在苏维埃政权初期,对自然科学家和技术知识分子采取赎买政策,是符合实际的正确政策。而对人文社会科学知识分子,他们中的大部分人是爱国的,对于他们言行中表现出来的人道主义精神和对苏维埃一些政策措施所持有的异议立场,应做客观的分析:有的是属于世界观、思想性质的问题,不是一朝一夕能够改变的;有的批评则含有正确的成分,不应一概看作"反苏维埃"的反革命言论,对于这部分知识分子,可以通过团结教育的方针,将其从政治上争取过来,简单地用严酷的甚至野蛮的"专政"手段关押、流放

---

[1] 转引自郑异凡:《新经济政策的俄国》,人民出版社2013年版,第472页。

和驱逐出国,显然是一种过激的政策,也是新政权缺乏自信的表现。最后,还有一个深层次的文化原因:在俄罗斯的传统政治文化里,历来缺乏一种包容和妥协的精神。对立双方势不两立,你死我活,好走极端,这种民族性格也在列宁和布尔什维克身上留下烙印。在列宁和布尔什维克的话语里,极少看到团结、和解、包容、和谐等词语,往往用不妥协的、激进主义的处事方式对待不同意见和对立势力,这也是列宁处理知识分子问题时失策的一个重要原因。

第一章

附录1
关于"战时共产主义"

战时共产主义也译作军事共产主义。[①] 闻一认为,战时共产主义不是某个领导人或某次会议提出的一套较为完善的政策,"后来被人们系统化和理论化的'战时共产主义'措施,其实都是被迫一个个地相继提出来执行的"。[②] "战时共产主义"这一名词在苏俄国内战争时期并未使用,首次使用是在列宁的《论粮食税》一文中。

苏维埃政权初期实施的战时共产主义,并不是自觉制定的一种体制。国内战争爆发后,面对严酷的内外环境,新政权陆续颁发了关于经济、政治、文化领域的一系列政策措施,后来被概称为"战时共产主义"政策。

战时共产主义最重要的内容是实行余粮征集制。银行和工业企业的全盘国有化,是战时共产主义政策的重要举措。实行普遍劳动义务制是另一个重要举措。自由贸易终止、经济关系实物化、平均主义分配,成为战时共产主义的重要特征。从上述苏俄实行的各项政策措施看,这些措施确实是为战争环境逼迫、各类物资奇缺而采取的,带有"战时"的特定时空环境;而在列宁和相关决策者的心目中,计划分配、免费供给、取消货币等,又带有鲜明的"共产主义"色调,因此,将

[①] 参见郑异凡:《新经济政策的俄国》,人民出版社2013年版。
[②] 参见陈之骅等主编:《苏联兴亡史纲》,第92页。

这一时期称为"战时共产主义"时期,是恰当的。战时共产主义,从其内容和作用看,它不是一个保护和促进生产力发展的政策,只是保卫新生政权免遭颠覆而采取的应急措施;而从历史进程看,它是共产党执政条件下建立起来的第一个体制模式,是共产党领导社会向社会主义、共产主义改造过渡的第一次尝试,它的功过利弊是值得研究的。

列宁在《论粮食税》一文中说:"特殊的'战时共产主义'就是:我们实际上从农民手里拿来了全部余粮,甚至有时不仅是余粮,而是农民的一部分必需的粮食,我们拿来这些粮食为的是供给军队和养活工人。其中大部分,我们是借来的,付的都是纸币。我们当时不这样做就不能在一个经济遭到破坏的小农国家里战胜地主和资本家。……应当说我们实行'战时共产主义'是一种功劳。但同样必须知道这个功劳的真正限度。'战时共产主义'是战争和经济破坏迫使我们实行的。它不是而且也不能是一项适应无产阶级经济任务的政策。"[①]列宁这段话是十分中肯的,尽管这不是他对战时共产主义的全面评价。

实行战时共产主义政策,从客观上说,是被迫的、不得已的,是一种临时性的非常措施,这本来是无可非议的。任何一个在战争中被围困的城市和地区里,采取粮食和生活用品垄断、限价、定额分配、打击投机倒把等严厉措施并不罕见。问题在于,在苏俄,严酷的战争环境使正常的经济生活中断,大多数俄共(布)领导人却把这种在特殊历史条件下所采取的临时措施看作"直接过渡"到社会主义、共产主义的具体尝试,试图从理论上加以论证,赋予它越来越多的"自觉"成分。例如,1919年3月,在列宁起草的《俄共(布)党纲草案》(经济方面)中指出:"苏维埃政权现时的任务是坚定不移地继续在全国范围内用有计划有组织的产品分配来代替贸易。目的是把全体居民组织到统一的消费公社网中,这种公社能把整个分配机构严格地集中起来,最迅速、最有计划、最节省、用最少的劳动来分配一切必需品。""俄共将力求尽量迅速地实行最激进的措施,为消灭货币作好准备。"[②]此时在列宁头脑中,传统的社会主义观念明显处于主导地位,在党的领

[①] 《列宁选集》第4卷,人民出版社1995年版,第501—502页。
[②] 《列宁全集》第3卷,人民出版社1995年版,第748、749页。

导层中,这种观念也是很普遍的。布哈林在1920年出版的《过渡时期经济学》《共产主义ABC》等著作里,也认为社会主义革命胜利以后,商品就将失去社会调节者的自发作用而变成纯粹的"产品",随着商品生产的消失,价值规律随之丧失其效用,货币也逐渐失去它的意义,甚至政治经济学的基本概念,如价值、价格、利润等也都可以废止了。在当时,确有不少人(主要是党政干部)赞美着"无货币过渡"时代的到来。

从中可以看出,在这些人的心目中,把战争环境下由于物质极端匮乏而出现的商品、市场、货币失去固有作用的现象,看作是向社会主义过渡的正常现象;把在特殊条件下由国家直接进行生产和产品分配,当作刚巧可以顺势"直接过渡"的一条"捷径",是很成问题的。正如列宁后来在对战时共产主义做深刻总结和反思时所说,当时曾经设想,通过这些措施可以走"比较短的道路","旧的俄国经济将直接过渡到国家按共产主义原则进行生产和分配"。①"我们计划(说我们计划欠周地设想也许较确切)用无产阶级国家直接下命令的办法在一个小农国家里按共产主义原则来调整国家的产品生产和分配。现实生活说明我们错了。"②

附录2

梁赞诺夫③关于限制其住地问题致联共(布)中央政治局的信④

(1934年2月22日)

致联共(布)中央政治局:

1931年2月17日,根据中央监察委员会主席团的决议,我被缺席开除出党,没有进行任何审问,决议依据的是我直到今天还不清楚的材料,这些材料仿佛确定我与孟什维克驻国外中央有着犯罪的联系,这种指控如此荒谬和令人难

---

① 《列宁选集》第4卷,人民出版社1995年版,第573页。
② 《列宁选集》第4卷,人民出版社1995年版,第570页。
③ 梁赞诺夫·达维德·鲍里索维奇(1870—1983),苏联科学院院士,1921—1931年任马克思恩格斯研究院院长。1931年2月被开除出党,遭逮捕,被流放到萨拉托夫。
④ 沈志华执行总主编:《苏联历史档案选编》第11卷,社会科学文献出版社2002年版,第383—385页。

以相信,简直达到了骇人听闻的地步。

1931年4月12日,我在苏兹达尔国家政治保卫总局的内部监狱受到两个月监禁后,根据那个被吓坏了的、为挽救自己的狗命把我和马克思恩格斯研究院牵扯进去的坏蛋的虚假证词,在没有向我出示过卑鄙证词,没有对我进行任何法庭审判的情况下,就依照刑事法典第58条中的第4点,将我判处流放萨拉托夫,并被剥夺了全部的政治和工作权利。这个坏蛋的精神空虚和犹大式的假仁假义,现在已经被雅罗斯拉夫斯基的《第三种力量》一书所刊登的内容有根有据地证实了。

我在马克思恩格斯研究院办公室里的全部书籍、全部资料、全部手稿、书摘和短札都被没收,至今尚未归还。

我失去了使用大量书籍、小册子、文件、手稿和马克思恩格斯书信集的可能性,同样地也失去了使用有关第一国际历史文献资料的可能性,这些文献资料都是我在1907—1917年从劳拉、保尔·拉法格、倍倍尔、考茨基①以及其他人手里搜集到的,在马克思恩格斯研究院创立之前我就转交给了研究院。

我遭受了3年的精神饥荒,我3年时间无法跟踪我专业方面的外国文献著作。直到现在我也没能得到那几卷俄文和德文版的马克思恩格斯文集,这些书籍是由我整理、加工和校编的,并于1931—1933年,以阿多拉茨基②等人的名字出版的。

我试图努力使我的案子重新获得审理,但是没有成功。与老同志和老革命者相比,他们更相信坏蛋和变色龙鲁宾,对此我不得不暂时容忍下来。

可以想到,3年中断自己热爱的科学工作和一切政治活动,对于没有犯罪的人来说就已经是残酷的惩罚了。

但是,我又错了。今年的2月20日,国家政治保卫总局驻萨拉托夫的全权代表通知我说,我可以离开萨拉托夫,允许我今后居住在除莫斯科和列宁格勒以

---

① 劳拉(1845—1911),马克思的女儿;保尔·拉法格(1842—1911),马克思主义宣传家,第一、第二国际活动家,劳拉的丈夫。在拉法格夫妇自杀前梁赞诺夫曾在他们的档案馆工作,整理档案;卡尔·考茨基(1954—1938),第二国际理论家、政论家,1917年与梁赞诺夫相交甚厚。
② 历史学家,梁赞诺夫被捕后任马克思恩格斯研究院院长,1932年当选为院士。

外的苏联境内的任何地方。我被无条件和无期限地禁止在莫斯科和列宁格勒这两个城市居住。

因此,国家政治保卫总局的这个决议尽管还给了我"自由",并给予我离开萨拉托夫的权利,但它也只是一种嘲弄行为,因为两个老人中的一个已经被医疗委员会确诊为完全残废,而他们在极其必要的情况下都不能改变一下对他们的健康极其有害的气候条件,如果说像在萨拉托夫这样简陋的栖身之地和亲人的关心都不能保证,那么,去哪里也没有用。

但是,不知道有什么根据,依照什么理由,我又一次遭到了惩罚,对于我,一个64岁的人,又是在这样的健康状况之下,国家政治保卫总局的决议相当于判处死刑。

对我关闭的正是那两个我能够从事专业科研工作的城市,这将使我的余生经受比这3年的生活还要痛苦的精神折磨。这将彻底剥夺了我在科学领域为世界无产阶级革命事业服务的可能性,也剥夺了我在实际中运用通过数十年顽强的劳动所获得的马克思主义和国际工人运动史方面的知识的可能性。我再重复一次,这样的决议相当于判处死刑。这是最为残酷的一种处决,是用一粒粒子弹和一根根针,无限期拖延下去的处决。

因此,我要求进行法庭审判。[①] 在革命法纪得到最低限度的保障下,法庭将向党、向共产国际、向国际无产阶级证明,我没有犯过任何罪行,既没有反对党,没有反对无产阶级,也没有反对苏维埃政权。

致共产主义的敬礼!

达·梁赞诺夫

——《苏联历史档案选编》第11卷,沈志华执行总主编,社会科学文献出版社2002年版,第383—385页。

[①] 档案原件此后还有一句话:"遭到坚决拒绝",被作者划掉了。

第二章

附录1
萨德奇科夫签发的关于禁止发表多夫任科作品的通告
（1944年2月23日）

通　告

1944年2月【23日】

莫斯科市

各书刊审查机关：

凡事先未经我特殊批准，不得在非军事的和军事的报刊上发表乌克兰作家A.П.多夫任科的作品。

苏联人民委员会、负责报刊保守军事机密的全权代表、

书刊总局局长　Н.萨德奇科夫

——《苏联历史档案选编》第13卷，沈志华执行总主编，社会科学文献出版社2002年版，第157页。

附录2
考尔、格拉西莫娃关于洛谢夫反苏活动致雅罗斯拉夫斯基的报告
（1930年6月）

致雅罗斯拉夫斯基①同志：

兹送上关于洛谢夫②教授反苏活动的资料，以及关于他的《对神话辩证法的

---

① 雅罗斯拉夫斯基，时任驻政治局的中央监察委员会的代表。
② 洛谢夫，阿列克谢·费奥多罗维奇（1893—1988），哲学家和语言学家，语言学博士。1915年毕业于莫斯科大学历史语言学系，从1922年起为莫斯科音乐学院教授和国家音乐学研究所成员，国家美术科学研究院美学部负责人，1930年4月被国家政治保卫总局逮捕，1931年被判处10年监禁，在白海—波罗的海运河工地上服刑，1932年被提前释放，从1944年起任国立莫斯科列宁师范学院教授。

补充》一书的手稿简介材料,这份手稿实质上是杀气腾腾的黑帮的完整的哲学和政治纲领。侦讯查明,洛谢夫在最野心勃勃的反革命宗教运动——赞名派①中起着思想上的领导作用。

附件:如上述。

国家政治保卫总局侦讯行动处处长助理　考尔
国家政治保卫总局情报处处长助理　格拉西莫娃

——《苏联历史档案选编》第11卷,沈志华执行总主编,社会科学文献出版社2002年版,第315页。

格拉西莫娃关于洛谢夫的反苏行为致国家政治保卫总局情报处的报告

(1930年6月)

绝密

致国家政治保卫总局情报处:

关于洛谢夫教授在反苏维埃运动中的作用的资料

从洛谢夫教授(37岁,莫斯科大学历史语言学系毕业,曾任下诺夫哥罗德大学、莫斯科音乐学院、第二莫斯科大学、②国家美术科学研究院教授,国家音乐研究所成员)身上,我们看到的是宗教界人士和知识分子中最为反动的(政教保皇派)和狂热反苏维埃的那一部分人的思想家。

在洛谢夫的著作中,特别是在他最近撰写的两本书(《神话辩证法》和《对神话辩证法的补充》)中,对右翼保皇派反革命运动进行了全面的思想理论论证。

洛谢夫的哲学体系是神秘主义唯心论的体系,是直接从中世纪的神秘论脱胎而来的,疯狂地反对辩证唯物论和整个科学认识,否认认知,倡导最残暴形式

---

① 1910—1912年出现于希腊旧圣山一些正教修道院的教派。赞名派教徒被逐出教会,放逐到俄国。十月革命后在北高加索建立了非法的隐修院,20世纪30年代被国家政治保卫机关取缔。
② 1918年因改组1872年所创建的莫斯科高级妇女讲习班而建立的,设有历史语言学习、数学物理系和医学系等。1930年大学改组为三个独立的高等学校:莫斯科师范学院、莫斯科第二医学院和莫斯科精密化学工艺学研究院。

的信仰和正教教义。

必须特别指出，洛谢夫尽管伪装反对"资本主义"，却明白无误地以资本主义欧洲为其目标指向，据他说，那里正在进行清除哲学中唯物主义污垢的"巨大工作"，正在实现"从撒旦到神"的伟大转折。

在《对神话辩证法的补充》这本著作中，洛谢夫试图建立一种用以论证必须同苏维埃政权进行不可调和斗争的哲学—历史学观念。

《补充》中的主要论点可简要归纳如下：

人类的全部历史是基督和反基督、神和撒旦间斗争的历史。封建主义是人类历史的高级阶段，是神的胜利；封建主义在神的打击下崩溃，此后的历史是撒旦精神发展和形成的历史。这种发展的不同阶段有：资本主义、社会主义、无政府主义。撒旦精神的历史载体是犹太人。马克思主义和共产主义是犹太精神（即撒旦精神）的最完整的体现。体现撒旦精神的最后一个阶段是无政府主义，它不可避免地要从社会主义中产生。但是，从资本主义向社会主义过渡则并非是不可避免的，不仅从历史上看，甚至从逻辑上看也是如此。为了制止撒旦即反基督的最终胜利以及随之而来的世界末日，必须用一种积极进取的、不调和的宗教同社会主义相抗衡，这种宗教应当投入同社会主义的斗争，战而胜之，借以改变历史的进程。

对于《神话辩证法》的补充是洛谢夫于1929年秋天在几个月时间内写成的。针对社会主义的顺利进军，洛谢夫试图向广大的居民阶层发出公开的反苏维埃号召，为此他力争由书籍出版总局印行《补充》和扩大《神话辩证法》的印刷数量。当《补充》的印行未获批准时，洛谢夫还是把《补充》中的若干章节和段落增补到《神话辩证法》里去了，这些内容包含有对马克思主义世界观和苏维埃政权政策的尖锐抨击。

对于促使其撰写《补充》，力求把它印出来，以及非法增添《神话辩证法》的内容的动因，洛谢夫是这样说的：

"对社会主义和苏维埃政权的论述，是在苏维埃政权自己近期的宗教政策中、在其自己的工业化和集体化方针中所表现出的攻击性的影响下，最终形成的。

《神话辩证法》是1927年写成的,出版是在1930年,我不能不作任何修改就付印。我应当使该书的基本论点具有具体性和完整性,这是由于我对其辩证发展的进一步研究所获得。"

如果说洛谢夫向广大听众宣传反苏维埃观点的企图未能得逞(国家政治保卫局会议没收了《神话辩证法》、书籍出版总局禁止《补充》出版),那么洛谢夫对于反革命运动的骨干分子来说无疑具有特别重大的意义。他们在若干年里,一直从洛谢夫那里获得自己从事实际的反革命活动的思想形式和理论依据。首先应当指出的是,洛谢夫作为赞名派反革命运动理论家和思想领袖的独特作用。

作为苏维埃政权不可调和的敌人和具有最野蛮的黑帮特点的正教信徒,洛谢夫早在1923—1924年就同赞名派的领导人开始接近,并认为这一运动是"教会内部最积极进取、最有生命力的派别"。对赞名派的政治方针,洛谢夫自己有以下一段评述:

"赞名派把苏维埃政权和社会主义看作为反基督取得胜利的表现,是撒旦干的事。赞名派的政治理想,是全力支持政教教会的权力无限的君主制。由于赞名派对于苏维埃政权持绝对否定态度,他们的信仰者对于以推翻苏维埃政权为目的的武装斗争采取了肯定的评价,并且同情武装发动和其他狂热的反苏活动。在侨民的政治派别中,最接近赞名派的应当算右翼保皇派。"

洛谢夫的主要出版著作和手稿,都着眼于对赞名派进行理论上和政治上论证(《名谓哲学》《实与名》《神话辩证法》《对神话辩证法的补充》)。

至于自己对赞名派的态度,洛谢夫说明如下:

"我对这个运动的本质评价很高。我研究过赞名派的所有材料,在细致研究了这个运动的基础上我有意为它提供一本详尽无疑的历史—哲学著作。"

"无疑,我所著的《名谓哲学》一书的论点是同赞名派的基本思想相一致的。"洛谢夫的妻子[①]在自己的供词中声称:

---

① 洛谢夫的妻子1930年6月被捕,1931年被判处5年监禁。

"从自己的宗教观点来看,阿列克谢·费奥多罗维奇·洛谢夫和我信奉赞名派,这是一种表达政教本质的最完备的形式。"

关于自己在赞名派运动中的作用,即作为理论家和思想家的作用,洛谢夫自己叙述如下:

"我们(同赞名派活动家)会见频繁,我们就宗教的题目进行长时间的谈话。我们总的宗教观点(同赞名派的领袖之一)在基本各点上均相一致,但与此同时我的全部注意力集中于理论和辩证法方面,而他则全神贯注于实践和政治范围。这就是我们之间的差别。"

"我认为我在理论和科学领域中所做的工作已经足够了,我的全部精力都集中于此。"

"我首先是一位理论家、学者,基本上生活在逻辑范畴的领域中。在逻辑领域中我应当承认自己的勇敢和无畏,最为极端的结论也不会让我害怕,只要它们在逻辑上是必需的……但是,现实比逻辑更复杂,因此我的大胆的结论要由历史来加以实现,而且又往往是以在逻辑上无法预见到的形式实现的。"

除了赞名派活动家以外,处于洛谢夫影响之下的还有一批科学工作者,其中大部分是信神者,是保皇派。有典型意义的是,其中一部分人又是苏联高校毕业的小青年(28—29岁)。关于这方面的联系交往问题,洛谢夫作了如下的交代:

"我的熟人的政治情绪,总的说来同我的情绪相近。我的熟人圈子对苏维埃政权都是明确持否定态度的,他们都肯定沙皇俄罗斯的政治制度。我对于封建主义、资本主义和社会主义的评价,以及对它们特征的描述,得到他们的赞许,他们也同意我关于历史上两种原则——基督主义和撒旦主义——的斗争的构想,也认为它们决定着历史过程各个阶段的内容。"

特别值得指出的,是洛谢夫与在大型科研团体中工作的某些个别"马克思主义者"的联系,他们自己主动同洛谢夫建立关系,显然认为他是自己精心掩藏着的反动情绪的一种宣泄点。

总之,洛谢夫扮演了教会保皇派、狂热反苏组织的思想中心的角色,是反苏知识分子集团的现成的反动意识形态的提供者。

国家政治保卫总局情报处处长助理　格拉西莫娃

——《苏联历史档案选编》第 11 卷,沈志华执行总主编,社会科学文献出版社 2002 年版,第 316—320 页。

附录 3
中央报刊和出版部主任关于书刊检查工作给联共(布)中央组织局的信
(1936 年 1 月 5 日)

国内出版的书刊由书刊检查机关进行两次检查。有书刊付印前的所谓"预检",由直接在出版社工作的书籍出版总局中央机关进行(各种日报例外,书籍出版总局常驻报社全权代表对报纸的检查即是最终检查)。

对书籍出版总局中央机关工作的检查表明,国内书刊检查的状况令人十分不满。

书籍出版总局中央机关对已由其直接在出版社、报社及边疆区(州)书籍出版事业局工作的全权代表审查后报送的书刊进行复检。因此,根据书籍出版总局中央机关的工作,可以评价其驻各出版社和地方机关进行预检的全权代表工作的成绩和质量。

书籍出版总局机关由 4 个主要的部组成:政经部、文艺部、农业部和边疆区检查部。指导预检工作也是各部的任务。书籍出版总局中央机关是如何完成其所肩负的任务的呢?

政经部对 32 家出版社(从国家社会书籍出版社到国家医学书籍出版社、医学百科全书出版社、世界语言学家中央出版社等)进行复检。该部共 4 人,其中无 1 名经济学家。该部工作人员,无论就其数量,还是知识素养,都无法保证对书籍的专业审查。因此,对报送的大多数书籍根本不作审查,而让它们"扎堆儿"(政经部"扎堆儿"的书籍竟达 70%—75%)。甚至在该部审查书籍的比例极其有限的情况下,1935 年仍有 30 种已通过预检的书籍被禁止发行,而同一年在预审中仅有 25 种书籍不予付印。

这说明预检工作极其薄弱,预检人员对工作敷衍塞责。

政治编辑莱斯因与托洛茨基分子有联系,在审查党员证件时被开除出党。然而,直至今日他仍在该部工作。该部原领导人卡赞斯基同志(根据组织局决议被撤职)既不过问本部工作,又不指导预检工作。卡赞斯基对中央监察委员会揭露出来的书籍出版总局驻国家财经出版社全权代表扎列茨基的损公肥私反党行径,姑息纵容。该部还让介绍托洛茨基主义书籍的梅济耶尔的图书分类词典通过检查。

农业部审查所有农业书籍。部内有 4 人。其中 3 人具备某些农业方面的知识,1 人毕业于哲学史学院。但是,实际上该部并不能保证认真的审查。部内无一名畜牧问题专家,仅仅指出这一点就足够了。该部"扎堆儿"的书籍多达 60%—65%。对大多数有关农业迫切问题的书籍,只是"笼而统之"地审查一下。然而,该部仍有大量书籍被禁止发行:1935 年多达 116 种。

文艺部的 4 名工作人员中,只有部长斯帕斯基同志毕业于红色教授文学院,其余工作人员不具备专业知识修养。派驻主要文学出版社的全权代表不具备文学知识修养。

边疆区检查部审查各边疆区及其各州出版的所有书籍,从社会政治、文艺书籍,到兽医、医学等书籍。在该部工作的 5 个人的职责是按地域特征划分的,这倒也合乎情理。每位政治编辑负责几个边疆区。他们本该具备某些综合知识,以保证在自己负责的边疆区审查各个门类的书籍。然而,因为并非如此,也不可能如此,复检只是敷衍了事,只是发现一些极其严重的错误,而这类错误在边疆区地方出版社的出版物中俯拾皆是。边疆区检查部虽然工作很差,在 1935 年仍查禁并清除了 79 种书籍,其中 18 种是用少数民族语言出版的。

边疆区检查部副主任直到最近仍是奥尔洛夫。他在审查党员证件时被开除出党。原来他不是奥尔洛夫,而是奥利舍夫斯基,现在被流放的旧警察署长的儿子,沙皇军队的军官。奥利舍夫斯基与其兄(一个非法进入苏联的白卫军分子)保持着联系。

由于书籍出版总局全权代表在各出版社工作不力,国家遭受了巨大物质损失,而市场则充斥着种种质量低下的书籍。在 12 个中央图书出版社中,在 1935 年的 11 个月里,有 69 种书籍经书籍出版总局复检被清除并化作废纸,使国家损失 413 510 卢布;有 85 种书籍限令修改,损失 148 300 卢布。

从上述书籍出版总局各部工作概况可以看出,这绝不说明中央机关工作人员组成情况良好,而只说明进行预检的全权代表力量薄弱,工作糟糕。

必须使书籍出版总局中央机关不仅要纠正迟钝的预检所犯下的使国家损失大批资金的错误,而且特别要组织并加强预检工作,为预检工作选择人才。现有干部鱼龙混杂,且多为兼职。而书籍出版总局直至最近对预检工作不曾过问。不仅未加研究,而且对预检工作人员,诸如驻各出版社、报社、地方机关全权代表和政治编辑,甚至不曾登记。现在才刚刚开始登记。通过登记立即发现,莫斯科有个人档案的 88 名预检工作人员中,有 46 人因犯严重政治错误受过(有的数次受过)党纪处分和行政处分。在科学院出版社担任书籍出版总局全权代表的鲁巴诺夫斯基,因犯托洛茨基主义错误和同情反对派观点(他曾在加米涅夫领导的出版社工作,至今仍继续工作)而多次受到党纪处分。书籍出版总局驻国家儿童读物出版社全权代表戈罗杰茨卡娅,曾因泄露军事秘密受过严重警告,在审查党员证件时其党证被扣留。许多驻中央报社的政治编辑人员政治水平不高,不了解自身职责,往往对工作敷衍塞责。因此,在各报政治编辑的指示中,各自为政的东西比比皆是(一位政治编辑准许刊登另一位政治编辑禁止刊登的内容)。有许多因禁止发表完全无可非议的作品而闹出笑话,而根本不应发表的消息却仍然陆续见报。

在预检工作人员中,几乎人人兼职之风愈演愈烈,令人忍无可忍。莫斯科的 126 名预检工作人员中,有 76 人兼职。而在各科技出版社的 42 名全权代表和政治编辑中,有 35 人兼职。在军事书籍检查机关的 35 名工作人员中,有 25 人兼职。

如果说中央书籍检查机关的状况显然不能让人满意的话,那么,在地方上尤其是各区的状况,简直就是一种灾难。除了列宁格勒、斯维尔德洛夫斯克、斯摩棱斯克、高尔基和罗斯托夫,整个情况是,书籍出版总局对所出书籍的检查有名无实。至于对报纸的检查,几乎各区都责成区教育局局长、军事委员或区委员会工作人员监管。在俄罗斯联邦、乌克兰、白俄罗斯、外高加索、乌兹别克斯坦、土库曼和塔吉克斯坦,3 250 名区全权代表中仅有 297 人不兼职。

各州委员会、边疆区委员会和少数民族地区共产党中央委员会,在大多数情况下均对书刊检查工作不够重视。根本不为其拨派工作人员,或者拨派一些犯过错误、对任何工作都完全不能胜任的人。

书籍出版总局工作中的症结在于,现行预检政治编辑的劳动报酬的体制。在此体制下,政治编辑不是在书籍出版总局,而是在其供职的各出版社领取薪金。这一体制不仅造成在劳动报酬方面各行其是,而且使政治编辑处于依赖出版社的状态,还产生书刊检查人员滥用职权、损公肥私和敷衍塞责的现象。已被中央监察委员会揭露的书籍出版总局驻国家财经出版社全权代表扎列茨基便是一例。他每月总收入约 3 000 卢布,而驻外国工人出版社全权代表阿克赛尔罗德每月收入达 5 000—6 000 卢布。

必须立即终止现行劳动报酬体制。中央监察委员会对扎列茨基案件的审查,清楚地证明了这一点。

总之,书刊检查的现状严重落后于党对出版事业提出的任务。

谨提出决议草案,随信附上。

中央报刊和出版部主任 Б. 塔尔
联共(布)中央监察委员会副主席
(签名)[①]

——《苏联历史档案选编》第 11 卷,沈志华执行总主编,社会科学文献出版社 2002 年版,第 399—403 页。

[①] 签名字迹不清,无法辨认。

附录4
亚历山德罗夫、费多谢耶夫关于出版监督问题给谢尔巴科夫的报告（摘录）

(1944年5月5日)

联共(布)中央书记亚·谢·谢尔巴科夫同志：

关于对出版图书的监督

卫国战争开始的时候，为了尽可能合理地使用缩减了的纸张储备以出版战争条件下必需的图书，防止质量不佳的以及缺少现实意义的书籍和文章问世，宣传部规定，季度出版选题计划必须经过批准，所有政治的、科学的和文学的图书以及所有的杂志的出版须经预先审查。

由于贯彻这些措施，许多质量不佳的乃至有害的书籍曾被禁止或没有被批准问世。仅1943年一年就有432种书籍和小册子因没有现实意义或没有做好付印准备而从中央一级出版社的计划中撤销。许多坏书在审查书稿或大样时被查禁。例如玛丽艾塔·沙吉尼扬的《乌拉尔的人们》一书被禁止，因为该书诋毁性地描写了苏维埃乌拉尔。全书主要描绘"骇人听闻的道路难行"，燃料、电力、住房、食堂、幼儿园、剧院和俱乐部不足，甚至用水不足（人们没有水喝，而喝"发绿的浑浊泥浆"）。作者到处"看见"的只是"骇人听闻的缺点"——无计划性，没有经济预算，不实行合理化建议，"缺少统一的领导核心"。战前，据作者的意见，乌拉尔距离社会主义很遥远。只是反对德国法西斯侵略者的战争才"把这个最富裕的辽阔地区拉向社会主义"。

许多被禁止的书籍和杂志文章的作者崇拜资本主义国家的社会制度、科学和文化……

根据宣传部的指示，曾禁止出版《法西斯德国经济资源的枯竭》一书，其作者们在阐述法西斯德国战时经济问题时，没有看到它的最主要基础——对被占领国家的掠夺。希特勒德国必定失败，可是按照作者们的意见，并不是由于对它进行军事摧毁的结果，而是由于其经济的枯竭。作者们对法西斯德国军事资源作了不正确的分析，误导读者，贬低红军在粉碎德国法西斯军队中的作用和意义。该书进行两次修改以后问世，但即使这样也还不无严重的错误。

科学院历史研究所的《国家社会主义历史概论》一书也不适于出版。文章的作者们迷恋于不加批判地引用法西斯首领们的话,使论文集充斥着法西斯胡言乱语的复述……

许多有害的和质量不佳的招贴画和版画被禁止。艺术出版社被禁止出版不少"我们能轻易取胜"的招贴画。艺术宝库出版社被禁止出版 E.索科洛夫反人民的绘画,卫生教育研究所被禁止出版 40 多种传单和宣传画,这些画把我们的人民画成生虱子的、肮脏的、没有文化的人民,达到了野蛮的程度。

宣传部对将要付印的材料进行审查的结果是:1942 年阻止了 283 种书籍和小册子、163 种招贴画和版画的出版;1943 年——142 种书籍和小册子以及 215 种招贴画和版画。还禁止了相当数量的报刊文章。宣传部预先审查将要付印的材料,得以防止许多错误的书籍和文章出版或出现在杂志中。

然而,出版社以及杂志和报纸编辑部的领导者们已习惯于这种状况:书籍、杂志和比较重要的报纸文章通常事先在宣传部审查和修改。因此,出版社和报纸编辑部领导者对所出版图书的思想质量的责任感也随之降低。编辑部的工作人员认为宣传部应该防止他们犯错误,便不采取措施来杜绝重犯错误的可能性。

宣传部对材料的审查也延长了材料的出版周期。大型的著作(20—40 印张)审查的时间为两周到两个月。此外,宣传部对将要付印的材料预先审查,给文学评论造成困难。报纸和杂志的编辑部认为不便于评论已经宣传部审查过的书籍或杂志。

有鉴于此,宣传部请求您允许采取以下措施:

1. 取消现行的必须把所有政治的、科学的和文学的图书文稿或大样送交宣传部预先审查的体制。允许所有的中央一级出版社付印已经过出版社工作人员和书刊审查机关审查的书籍和小册子。宣传部审查最重要的书稿。通过书刊审查机关受理书稿,对书稿的意见也通过书刊审查机关传达。

保留宣传部审查和批准出版社的选题计划的职权。

2. 改变杂志审查的体制。只保留对《旗》《十月》和《新世界》这 3 种杂志编辑部的稿件的直接受理,所有其余的杂志编辑部在获得书刊审查机关付印许可后可独立自主地把材料交付排版。宣传部通过书刊审查机关受理和审查11种杂志的大样(附上清单)①。对这些杂志内容的意见只通过书刊审查机关传达。

3. 宣传部组织对所有图书(书籍、小册子和杂志)出版后的审查。系统地(每月不少于一次)召集各出版社社长和主编以及杂志主编讨论出版社和杂志最重要的问题。

4. 鉴于中央一级报纸和杂志几乎停止发表评论和书评文章,将于今年5月召开各报纸和杂志文学评论和图书评介栏主任会议,听取《新世界》《旗》和《消息报》《共青团真理报》编辑部关于执行联共(布)中央《关于文学评论和图书评介》的决议情况的报告。综合政治性的、文学的和技术的杂志每一期皆应刊登评论和书评材料。

所有上述措施将提高作者、出版者和杂志编辑以及书刊审查机关工作人员对出版物质量的责任感。

Γ. 亚历山德罗夫

Π. 费多谢耶夫

1944年5月5日

——《苏联历史档案选编》第13卷,沈志华执行总主编,社会科学文献出版社2002年版,第192—195页。

附录5

联共(布)中央政治局《关于改组文艺团体》的决定

(1932年4月23日)

文学艺术界的组织问题。

1. 中央确认,近年来,在社会主义建设取得相当大成就的基础上,文学和艺术无论在数量上还是在质量上都有了很大的发展。几年以前,当新经济政策初

---

① 这11种杂志是《旗》《新世界》《十月》《历史杂志》《农妇》《鳄鱼》《世界经济和世界政治》《星火》《女工》《斯拉夫人》和《接班人》。

期特别活跃的异己分子在文学界具有很大影响、而无产阶级文学干部队伍还很薄弱的时候，党曾经在文学和艺术领域用一切办法帮助成立和巩固单独的无产阶级组织，目的是为了巩固无产阶级作家和艺术工作者的阵地。

现在，当无产阶级文学和艺术的干部队伍已经成长起来，从工厂、集体农庄涌现一批新的作家和艺术家的时候，现存的无产阶级文艺团体（伐普[①]、拉普[②]、"拉姆普"[③]等）的范围便显得狭窄了，并且阻碍艺术创作的真正开展。这种状况所造成的危险，就在于这些团体从一种最大限度地动员苏联作家和艺术家完成社会主义建设任务的手段变成了推行小团体的关门主义的手段，脱离当前的政治任务和大批同情社会主义建设的作家和艺术家。因此必须相应地改组文艺团体并且扩大其工作的基础。

从这一点出发，联共（布）中央决定：

（1）取消无产阶级作家团体（伐普、拉普）；

（2）把一切拥护苏维埃政权纲领和努力参加社会主义建设的作家团结起来，组成其中有共产党党团的统一的苏联作家协会；

（3）在其他形式的艺术方面实行类似的改变；

（4）委托组织局制定贯彻本决定的实际措施。

——《苏联历史档案选编》第13卷，沈志华执行总主编，社会科学文献出版社2002年版，第2—3页。

附录6

联共（布）中央组织局关于文学杂志的编辑工作的决定

（1939年8月20日）

关于文学杂志的编辑工作（波斯佩洛夫、法捷耶夫、潘菲洛夫、马林科夫、谢

---

① ВАПП，全苏无产阶级作家协会，成立于1921年。
② РАПП，俄罗斯无产阶级作家协会，成立于1925年。
③ 正确的简称应该是拉普姆——РАПМ，俄罗斯无产阶级音乐家协会，成立于1923年。

尔巴科夫、日丹诺夫同志)

联共(布)中央决定：

1. 经证实，在《十月》《红色处女地》等文学和政论杂志的最近几期上，出现了严重的政治错误(《十月》杂志第5—6期合刊发表了 И. 谢尔文斯基反艺术的和有害的诗，《红色处女地》第5—6期合刊中关于诗人内扎米的编辑注释)。这些思想方面的失误、宣扬意识形态上可疑和有害的倾向，以及杂志的内容落后于苏联的现实和苏联读者的需求，这一切都直接与杂志领导工作中的混乱和不负责任态度有关，其表现为编辑部里实质上无人负责对杂志的思想政治领导。这种状况和严重错误在其他杂志(如《星》《文学学习》等)中也存在。许多文学杂志实际上由非党的不负责任的工作人员主持，他们常常在政治上未经审查；而编辑委员会成员经常是不作任何评论和检查，就在材料上盖章，或者甚至根本没有读过那些他们签字同意发表的东西。

2. 为了消除文学杂志编辑工作中无人负责的现象，必须由责任书记领导杂志编辑部，他应该对杂志的思想政治方向和内容负责，负责组织作者集体，负责做作者的工作，等等。责任书记应该领导杂志的编辑委员会，主持其工作。

3. 建议中央宣传鼓动部会同中央干部管理局在10天之内提出个文学杂志编辑部责任书记人选交联共(布)中央审批。任命杂志责任书记以后，在他们参与下挑选和组建杂志的编辑委员会。

4. 责成苏联作家协会主席团彻底改进对文学杂志的领导。

5. 责成中央宣传鼓动部报刊处监督本决定的执行并对文学杂志的工作进行系统的监督。

——《苏联历史档案选编》第13卷，沈志华执行总主编，社会科学文献出版社2002年版，第58—59页。

第五章

附录 1
安德罗波夫关于"私下出版物"问题给苏共中央的报告
(1970 年 12 月 21 日)

苏共中央：

对在知识分子和青年学生中传播的所谓"私下出版"的书籍的分析表明，"私下出版物"近几年来发生了质的变化。如果说 5 年前传阅的主要是一些思想上有毛病的文艺作品，那么现在具有政治纲领性的文件得到了越来越广泛的传播。从 1965 年至今这一时期已出现 400 多种研究经济、政治和哲学问题的各种学术著作和文章，这些出版物从各个方面批评苏联社会主义建设的历史经验，对苏共的对内和对外政策进行修正，提出了各种对立活动的纲领。

许多文件还宣传从南斯拉夫领导人、捷克斯洛伐克的杜布切克分子和一些西方共产党政治纲领中借用的思想和观点。

以反社会活动著称的罗·梅德维杰夫所写的文章《论我国若干社会政治潮流》作出结论说，苏联社会已出现新思潮政党和具有思想影响的中心。文章断言，苏共内部一些人反对似乎存在着的"保守主义"的力量，"主张坚决揭露个人崇拜时期的所有罪行，清除国家机关中的官僚主义者、腐化堕落分子、教条主义者和追求个人名利地位的人；主张扩大言论、集会和讨论的自由，用党对新闻出版的形式更灵活的领导取代新闻书刊检查；主张扩大工人自治，改变选举制度"，等等。

在科学界、技术界和部分从事创作活动的知识分子中传播着一些鼓吹各种"民主社会主义"理论的文件。按照其中一个由萨哈罗夫院士提出的"民主社会主义"理论公式，苏联内部政治发展的演变道路应当不可避免地导致在国内建立"真正民主的制度"。因此数学家和经济学家应预先研制这种制度的模型，以便使其成为现有社会政治制度中积极因素的综合。

在许多苏联"民主化"方案中都规定要"限制或消除苏共的垄断权力,在国内建立忠实于社会主义的反对党"。这些方案的作者和传播者认为社会主义民主目前的发展水平使得反对派观点有权存在,因而要求为表达与官方方针不同的意见提供合法的机会。他们在这个基础上宣称,惩处反苏宣传的鼓动或散布诋毁苏联国家和社会制度的明显谬误的谣言的刑事法律是违反宪法的。

在写作和传播"私下出版"的书籍的基础上,志同道合者在某种程度上团结起来,明显地看出建立类似反对党的组织的图谋。

大约在1968年末至1969年初,有一些具有反对党思想的分子组成了一个名为"民主运动"的政治核心,按照他们的评价,这个核心具有反对党的三个特征:"有领导人、积极分子并依靠人数可观的同情者;不采用明确的组织形式,为自己提出明确的目标并选择明确的策略;争取合法地位。"

"运动"的基本任务,正如以亚基尔为首的莫斯科"民主运动"小组出版的《时事纪事》第13期中所表述的那样,包括"通过在人们中间培养民主与科学的信念使国家民主化,反对斯大林主义,保护自己不受镇压,与任何派别的极端主义作斗争"。

处于新闻出版检查之外的材料传播的中心仍旧是莫斯科、列宁格勒、基辅、高尔基市、新西伯利亚、哈尔科夫。在这些城市及其他城市发现了300名自称"反斯大林主义者""民主权利斗士""民主运动参加者"的人。他们既从事单本文件的出版,又从事像《时事纪事》《乌克兰通报》《社会问题》等文集的出版。莫斯科、列宁格勒、里加等地一些具有犹太复国主义思想的分子组成的小组,从1970年开始出版名为《离境》的杂志。

西方的宣传工具,国外敌视苏联的一些中心和组织把"私下出版物"看作苏联政治局势的重要因素。非法出版的杂志和文集被称作"民主的地下工作者"的机关刊物、"自由民主的出版物"等等。在比较几期《时事纪事》的基础上可以看出,"运动参加者人数不断增加",其中有"经常的和集体的合作"。"苏联学家们"得出结论,在苏联存在和发展着一个"争取公民权的运动","它具有越来越清楚的轮廓和越来越明确的政治纲领"。

帝国主义的情报机关及与它们有联系的反苏移民组织不仅注意到反对派意向的存在,而且企图支持它们,呼吁炮制和宣传伪造文件。在许多这样的文件里,如《苏联民主运动纲领》《策略原理》《时不我待》中,阐述了关于组织反对苏共的地下斗争的纲领性目标和建议。

安全委员会正在采取必要措施制止某些人企图利用"私下出版物"去散布诽谤苏联国家和社会制度的谣言。根据现行法律追究他们的刑事责任,而对受他们影响的人则实行预防措施。

同时,在注意到"私下出版物"在思想上向表现对立情绪和观点的形式转换及帝国主义反动派把"私下出版"的书籍用于敌视苏联的目的的意图时,我们认为应委托意识形态部门在研究问题的基础上,制定必要的思想和政治措施去消除和揭露"私下出版物"中表现的反社会潮流,并拟定在政策中注意促使"私下出版的材料"出现和传播的因素的建议。

附件①

1. 罗·梅德维杰夫:《论我国的一些社会政治潮流》
2. A. 斯拉温:《苏联民主运动若干印象》
3. 《时事纪事》第 10 期

安全委员会主席安德罗波夫

——《苏联历史档案选编》第 30 卷,沈志华执行总主编,社会科学文献出版社 2002 年版,第 197—200 页。

附录 2
苏共中央政治局会议关于国内意识形态问题讨论的记录摘抄
(1966 年 11 月 10 日)

会议由勃列日涅夫同志主持。

---

① 收集的档案中无此附件。

参加人员：沃罗诺夫、基里连柯、柯西金、佩尔谢、波德戈尔内、波利扬斯基、苏斯洛夫、谢列平、格里申、杰米契夫、乌斯季诺夫、安德罗波夫、卡皮托诺夫、库拉科夫、波诺马廖夫同志。

28. 关于意识形态工作问题

勃列日涅夫：同志们，在我们党、国家生活的许多方面十分明确地制定了发展的前景，已经可以看到苏共中央十月（1964）全会①的卓有成效的结果。我们所有人，无论在经济领域，还是在农业方面，特别是最近一年，以及在工作方面，都感觉得到了这一点。我们就这些问题召开了多次全会，十分仔细地讨论了这些领域的状况，并且规定了明确的前景。尽管时间不长，现在我们已经感觉到这些措施极有成效。但是，在我们党和国家的工作中，有一个领域我们做的还很少，这就是我们党和我们国家的意识形态工作。缺点，而在有些地方则甚至是严重的错误，已经开始让人越来越明显地感受到了，它们不能不令我们忐忑不安，不能不引起我们的认真警惕。

我们都清楚地知道，在十月全会前的十年以来，在这方面所犯的错误并不比其他领域少，甚至还多些。而最主要的是，这些错误并不像在某些其他领域中那样容易被我们克服。过去和现在我们都清楚不过地知道这个问题的极端复杂性。但是，我以为，我们应当清醒地意识到对于我们党和国家总的工作中这一个重要方面应负的责任。讲到责任，其意义在于：意识形态工作中的缺点和错误可能给我们带来无法克服的危害。

有一种情况特别值得引起警觉，那就是某些意识形态工作手段，诸如某些学术著作、文学作品、艺术、电影，以及报刊，在我们这里竟被利用来侮辱我们党和我国人民的历史。而有人在这么做的时候还假借种种冠冕堂皇的理由，摆出种种貌似高尚的出发点。这样做更坏，危害更大。

例如，前几天，有人向我讲到康士坦丁·西蒙诺夫的一篇新作品。它的题目

---

① 1964年10月14日开始的中央全会，赫鲁晓夫被撤销苏共中央第一书记和苏联部长会议主席职务，勃列日涅夫被推为苏共中央第一书记。

好像是《战争的一百天》。① 在这部作品中,西蒙诺夫就给我们出了难题。在有些作品中,在杂志上,以及在我们的其他出版物中,人们竟把批评的矛头指向我国人民心中最为神圣,最为珍贵的东西。要知道,我们的某些作家(他们的这些作品居然还能够发表)甚至讲到似乎不曾有过"阿芙乐尔"号的炮声,说发射的是空炮弹等等;甚至讲到不曾有过 28 名潘菲洛夫师英雄战士,②人数比这个数字少,说这个事实几乎是杜撰出来的;甚至讲到不曾有过克洛奇科夫③其人,也没有过"我们已经没有地方可退却了"的口号。有的言论则甚至直截了当地对十月革命和我党及我们苏联人民英雄历史中的其他历史阶段进行诽谤。

难道这些还不应引起我们的认真警觉吗?这一切之所以必然要引起我们的警惕,首先因为,对于以上事实和对事实的歪曲,并没有给予应有的抵制。近几天,叶皮谢夫④同志对我讲了以上事实,以及其他一些事实。我们自己每天也感觉到,我们的思想工作中存在着严重的问题,对此我们不仅要议论,看来还应当对之采取相应的措施。

我想,还有一点也是不正确的,即我们党的中央委员会、政治局得不到有关党内、国内意识形态工作状况的周详而系统的情况通报。不是为通报而通报,我指的是真正的、充满党性原则的、目的明确的情况通报,并且附有具体的建议。我们拥有这样的关于国际政治和实际问题的、国内经济建设的情况通报而关于意识形态工作问题方面,我们却没有这样的情况通报。

同样值得忧虑的是,我们至今没有一本关于我们党的历史的真正的马克思

---

① 《战争的一百天》刊于《新世界》杂志 1966 年第 9 期上。1966 年 10 月,西蒙诺夫就这篇作品的问题给勃列日涅夫写过一封信。
② 潘菲洛夫,伊·瓦·(1892、1893—1941),1940 年授少将军衔。他率领的步兵第 316 师于 1941 年 11 月 18 日改编为近卫步兵第 8 师。潘菲洛夫在保卫莫斯科的战斗中牺牲,1942 年追授苏联英雄称号。
③ 克洛奇科夫,B. Г. (1911—1941),为潘菲洛夫近卫第 8 师的一名指导员,1941 年 11 月 16 日率 28 名战士,奉命防守莫斯科近郊的杜博谢科沃车站附近阵地,与进攻的成倍德军奋战 4 个多小时,击毁德军坦克 18 辆。"俄罗斯是辽阔的,但是我们已经没有地方可退却了,我们身后就是莫斯科!"这是在阵地最危急的时候克洛奇科夫喊出的激励战士的战斗口号。阵地终于守住了,直到增援部队赶到,克洛奇科夫率领的 28 名战士,几乎全部牺牲。
④ 叶皮谢夫,阿·阿·(1908—1985),苏联大将,1962 年起任苏联陆海军总政治部主任,1964 年起为苏联共产党中央委员会委员。

主义的教科书。你们都记得,曾经有过一本《联共(布)党史简明教程》。这本简明教程曾经不仅是每一个共产党员,而且是我国每一个劳动者案头的必备之书。不仅对于这本书的编纂,而且为了宣传这本书,进行了大量的工作。整整一代人通过这本教科书受到了教育。党史简明教程以后我们有什么呢？据说,编了一本历史教科书,但在我们这里并没有得到普及,出了第二版,现在说正在准备第三版。然而与此同时,能够真正成为案头必备之书的、有说服力的、论据充分的、能捍卫马克思列宁主义的、能捍卫我们党免遭假马克思主义者和反马克思主义者攻击的,真正的马克思列宁主义教科书,至今仍然没有。要知道一个党,任何一个党,尤其是我们这个人数以百万计的大党,按照列宁的遗训生活,真诚地力求维护马克思列宁主义的党,应当有一面旗帜,而我们的旗帜就是马克思列宁主义。应在这样优越的成果卓著的基础上,依靠列宁遗留给我们的深邃而全面的思想,再结合国际国内变化了的形势,难道竟会写不出一本这样的教材,这样的党史,使之确实成为每一个共产党员案头必备之书,使之从马克思主义的角度不仅陈述和记载我们已经取得的成就,而且揭示我们整个运动的发展前景。

正是由于缺乏这样的教科书,才使得一些各种各样的"批评家"得以任意篡改我们的历史。我们不是有一批理论家吗？他们谈论所谓过早取消了新经济政策,批评党为实现国家工业化、农业集体化,以及在我们党同托洛茨基主义及其他反党集团坚决斗争中突出的地位。

特别时髦的是,批评党按照列宁的教导不惜一切地维护我们的社会主义国家,避免同德国法西斯发生冲突。关于伟大卫国战争更是写得无奇不有。而在所有这一切之中,令人不安的是,我们的报纸,我们的党的刊物,却不进行深刻的,论据充分的分析,也不对于对党的这种诽谤进行真正的党性的批评。

要知道,至今为止确实谁也没有站出来从党的立场出发批评伊万·杰尼索维奇[①]这一本书,批评西蒙诺夫的某些观点,批评在我国出版的、包含严重错误的大量回忆录。至今为止国内宣扬赫鲁晓夫在卫国战争中起过突出作用的书还

---

① 指《伊万·杰尼索维奇的一天》苏联持不同政见者索尔仁尼琴创作的小说,最初刊登在1962年的《新世界》杂志上。

在流传。

波诺马廖夫：这是在简史中写的。

勃列日涅夫：也不仅在简史中有。要知道，同志们，我们这里事情已经发展到，上述种种批评开始从各个方面指向列宁了。因此，我们应当按照布尔什维克的高度原则性站出来反对此类的批评。我们绝不让任何人污蔑列宁。但是这不能只在口头上说，而要实际地，在实际行动上，有充分论据地，科学地证明列宁思想的正确性，不仅要制止反对列宁的此类言论，而且也不容许这种思想存在。

可是，事实上我们这里果然存在真正滑稽可笑的事实。刚才同志们说，德国人说我们党的历史是错误的历史。而如果我们看一看，在列宁以后直到现在这一段长时期内我们编撰出了什么呢？除列宁著作以外，我们能用什么来教育我们的干部，我们的人民呢？我刚才讲过，我们有过党史简明教程，但已被批评得体无完肤。在它之后我们拿出过什么呢？什么也没有。在我们党、我国人民为共产主义而斗争的这个不仅时间长而且内容丰富的时期，我国在所有领域发生了巨大变化，这一切都应当给以科学的思考，以便用来教育人民。同志们，我们确实需要把列宁和我们这个时代之间的这一个时期联结起来，编写一本作为由党中央奉献给党和人民的教科书，把我们当代人的所有优秀思想、把我们人民和我们党在这段时间内所做的一切都汇集在这本教科书中。并且在这个基础上，以此为起点，揭示我们为共产主义而继续斗争的前景。我认为，这不仅是我国内部的事，对于整个国际共产主义运动也将具有极其巨大的意义。

如果我们能够，而我们应当能够编写出一本却是真正像样的我们党的历史教科书，我们可以在中央、在政治局、也许在党的中央全会上进行讨论，使之成为我们全国人民的财富。

……

苏斯洛夫：我们的一个十分薄弱的领域是编写真正科学的，真正马克思列宁主义的历史，而且不仅仅是党史，还有人文历史，这不仅是为了大量的普通读者，也是为了中小学学生学习历史之用。这可以说是一个头等重要的任务，勃列日涅夫同志提出这个任务是正确的。

我想，我们应当建立一个集体，以便着手准备编写一本确实真正是马克思列宁主义的教科书，并立即开展工作。

我也不理解，为什么，例如说特瓦尔多夫斯基，我们如果撤换他的职务，他当即会成为一个英雄而离开职位。这是什么观念？如果不能撤换他，那我们就选派一名真正的有党性的同志去当他的副手。总之，看来必须提高我们所有的意识形态工作人员为自己的工作向党承担责任的意识。在这方面我们必须下一番功夫。这个问题提得十分正确，十分及时。

安德罗波夫：勃列日涅夫同志提出的这些问题依我看来，十分正确，也十分急迫。我们的意识形态工作中的个别严重的失误和缺点，不能不引起我们极大的关注。

确实，中央十月全会前的时期在意识形态工作方面也给我们党和我国人民造成巨大的损失。我们知道，赫鲁晓夫利用意识形态为自己的个人目的服务，利用来自我标榜，他并不关心党的利益，而我们还存在许多缺点。同志们，就以高等学校的青年来说吧。这不是一个新问题，我们曾多次说过，但我以为在改善青年教育工作方面我们做的并不多。而实际上，我们用一种教科书教育他们，说应当如此；现在我们又用另一种教科书，是说没有教科书，而是推荐一些教材，而确能揭示在党和人民的生活中发生的事件的深层次实质的真正的教科书，几年来我们并没有拿得出来。这就是为什么在人们的头脑中，特别是在我国年轻一代的头脑中出现一片混乱的原因所在。

我们没有统一的观点。我指的是意识形态工作人员，宣传工作人员，在一系列问题上存在许多混乱看法。必须根据马克思列宁主义学说对我们党的内外政策的基本问题形成统一的观点。

要阐明有关斯大林的问题，有关卫国战争的问题，有关我们国家和党的发展前景问题，等等。正如勃列日涅夫同志所正确说到的那样，这不仅仅是我们内部的事情，我们在各社会主义国家内的朋友，以至全世界的整个共产主义运动，都在请求和期待我们这样做。

确实需要一本教科书，一部真正马克思列宁主义的著作，这本书应能阐明我们时代的多样性和丰富多彩。这本教科书必须经过政治局批准。也许在党的中央全会上对这本教科书的基本问题预先进行一次像样的讨论。我们确实出现了理论上完全毫无道理的失败,特别是在列宁时期和当代之间这一段。要知道,在这个时期仍然有党,有苏联人民,进行了多少创造性的工作,而我们对这一时期的说法却忽东忽西,于是在社会主义国家也就追随着我们依样重复,而且不只是重复,我们的敌人则利用这一点来反对我们。

……

勃列日涅夫:当我们谈到在报刊上什么登和什么不登以及如何对待这一问题时,我记起了我们党的历史上一件事。当列宁获悉高尔基——这位我国文学巨匠——的错误观点时,决定禁止刊印他的作品,高尔基自己回忆起这件事时充满了对列宁的感激之情。

我们不需要行政命令,但我们应当具有彻底的原则性。

安德罗波夫:我们应当认真地考虑一批问题,并且根据党的第二十三次代表大会的精神予以阐明。确实,从召开代表大会到现在已经过去了多少时间,在代表大会上提出了多少精辟的主张,但在宣传工作方面我们并没有把这些主张真正奉献给人民。我们必须结合苏维埃政权建立 50 周年和列宁诞生 100 周年十分认真地思考一些问题。一句话,在这方面我们有许多工作要做。今天勃列日涅夫同志提出这些问题是十分正确的。

还有一点意见。我不太清楚:有人谈到行政命令。但是,目前,第一,在这方面什么事情也没有做,并没有任何行政命令,谁也举不出这类事实;第二,特瓦尔多夫斯基是共产党员,西蒙诺夫是共产党员。刚才提到的和没有提到的犯有严重意识形态错误的人,都是共产党员。我们有没有权利对他们,作为共产党员,追究责任?他们是否同我们一起分担我们党的党章和党纲所要求的责任?他们归根结蒂是承认这两份文件,还是不承认它们?我想,有党的组织,它们应当要这些活动家们承担责任。而这方面一点行政命令也没有,而只不过是正确的党的态度,正确的党性要求,任何地方都应当是这样的。

基里连柯:……我们说,有各种乱七八糟的东西发表出来,但要知道书报检查是一直存在的,在生活和活动的所有时代都存在,甚至在沙皇时代也存在,我们也有检查制度,但如果我们让乱七八糟的东西发表出来,那么这些检查制度有什么用呢?我想,我们都应当从勃列日涅夫同志刚才提出的那些问题中得出严肃的结论,而且确实就此订出一个明确具体的行动计划。

佩尔谢:我认为,勃列日涅夫同志十分正确地提出了意识形态工作现状的问题。确实如此,……

在这里正确地提出了编写教科书的问题。只要我们不仅在教科书中,而且在整个我们的实际意识形态工作中,不是像原先那样把问题同某一个个人的名字联系在一起,而是把所有的问题同整个党、同党的活动、同人民、同人民的英勇劳动联系在一起,那么一切都会各就各位,正常运转起来。

我想,我们为此确实需要写出一个文件,其中应体现出列宁给我们留下的遗训,说明党在列宁之后做了些什么,我们的人民做了些什么。

波利扬斯基:在这方面我们做了不少事情。我们可以拿意识形态工作的任何一种样式举例,甚至电影也可以:我们也有好的影片,我们也有好的话剧,但是,第一,这样的作品太少;第二,除了好的作品以外,我们可惜却有很多各种乱七八糟的东西。

我以为,我们太醉心于创办新的杂志、新的报纸。例如,《信使》杂志。谁需要它,它的对象又是谁?而这份杂志却在我们这里发行着,有人读它。

勃列日涅夫:或者就说《无线电和电视》杂志吧,我前几天看了一下。用的纸张很好,但谁需要这样的杂志,完全无法理解。

……

格里申:勃列日涅夫同志提出问题是正确的。在我们的生活中,在人民中间有许多优秀的、精彩动人的事例,但我们未能把这些在报刊上、在刊物上加以宣扬。我觉得,在开展意识形态工作中有某种惰性存在。

我们确实需要群众能够阅读的教科书,我们也需要中小学用的教科书。我们必须提出一个深思熟虑到目前时局和我们党的主张的在历史、艺术、电影,和一切形式的意识形态工作中的指导方针。……我以为,需要集中一大批意识形态工作者，向他们说明我们的看法，回答所有热点问题。

库拉科夫：勃列日涅夫同志提出的问题是正确的。……我认为，在我们的书籍、报刊中，在我们所有的出版物中随意性太大，缺乏真正的党的监督。

卡皮托诺夫：我认为勃列日涅夫同志提出的所有问题都是正确的。现在的问题是对于意识形态领域的问题在大背景下进行思考。我们确实必须在所有基本问题上，包括历史、理论，给我们所有党的干部，对我们所有的意识形态工作提供一个明确的观念。在我们党的工作中、宣传工作中、鼓动工作中，有许多好的、有益的倾向，但确实也有许多缺点，而且这些缺点盖过了我们好的方面。

我认为，我们的某些协会存在严重的不妥之处，那里也没有认真开展党的工作。我以为，正确做法是，应当考虑毫无例外地在所有意识形态机构：电影、剧场、报刊等等，如何开展党的政治工作的问题。

勃列日涅夫：……同志们，我坦率地告诉你们，这个问题近来一直使我极为不安。……当问题涉及党的利益，涉及国家的利益，涉及捍卫马克思列宁主义的时候，这时在一切问题上，除了充分的党性原则以外，不应当有任何别的标准，而现在谈到的，如你们所看到的那样，恰恰是涉及我们党、我们国家生活的一切方面的问题。我们确实看到了，中央委员会、各次中央全会、党的二十三大的各种决议正在党的生活的各个方面取得卓有成效的结果，同时我们已经感觉到这些决议在工业、农业、人民的物质生活方面的成果。但在意识形态工作的各种问题方面还有许多令人懊丧的地方，许多事情我们还没有做，存在许多严重的缺点。看来，我们必须全体一致地把我们工作的这一个责任重大而又有全党意义的工作抓好，而其中居于首位的，据我的感觉和理解，你们也都同意这一点，那就是要建立一个中心轴，我想就是一个核心，围绕着它我们意识形态工作的所有问题、所有各种形式，都会随之形成。也就是说，要编写出一本这样的党史，使它真正能以马克思列宁主义精神教育我们所有人，教育所有共产党员和非党群众，也就是要有这样一本文献，以便围绕着它开展我们全部的党的工作。

我想，应当责成书记处认真思考所有这些问题，充分考虑今天政治局会议上交换的意见，然后拟订一份旨在从根本上改善我们全部意识形态工作的具体计划,并要规定完成期限和负责人员。我们还要仔细认真地考虑苏维埃政权建立50周年的提纲。这一点不能再拖延时日,现在就要做。……

同志们,我还认为,在进行所有这些工作时,我们必须牢记列宁的有关教导,即在各方面的工作中,更不用说在意识形态方面,人是决定一切的,干部是决定一切的。你们记得,例如关于讲课人方面列宁是怎么说的。我们今天不说要撤换谁,调动谁——特瓦尔多夫斯基也好,西蒙诺夫也好,其他人也好,问题不在这里,问题在于提高意识形态工作所有方面的责任感。这里讲的是,我们不能不看到年轻的创作知识分子,不能不认真地提高他们,而不是始终围着特瓦尔多夫斯基和西蒙诺夫转,而看不到他们周围正成长着优秀的干部、优秀的人才。要提高他们,及时向他们作些提示,帮助他们。我们应当找到这样一种形式,让艺术、电影、文学、报刊中的任何一种新的现象能及时为人们发现,并得到支持。

例如,我记得这样一件事。你们记得,当电影《夏伯阳》①发行的时候,随即在《真理报》上刊发了一篇精彩的社论,对电影《夏伯阳》进行介绍,同时围绕着这篇社论开展了盛大的宣传工作。你们也都知道这样做的结果,夏伯阳活生生地走进我国人民。但是,请你们帮我回忆一下,近期以来,对于文学艺术中的哪一种现象发表过这样的社论,作出过某种决议呢?并不是说,要原原本本地重复过去的做法,但是可以找到一种新的形式,而且不只是《真理报》,党中央也可以通过决议,发表公开信,或利用其他方式,指出意识形态工作的某一种样式中存在的优点和缺点。我认为,同志们,意识形态工作的状况要求我们,而且是我们全体,予以真正巨大的关注,而且不只是关注,看来我们也需要认真审视意识形态工作的物质基础。我们应当记住列宁在这方面的有关指示,即对于意识形态工作,对于宣传工作,不能吝惜钱财,而在我们深信能对我们,对党带来好处的那些领域也是一样。在这些场合,我们不应吝惜钱财,也不应吝惜时间和其他手段。

我们必须在新的基础上,在新的起点上,在党的第二十三次代表大会提出的

---

① 夏伯阳(又译恰巴耶夫),瓦·伊·(1887—1919),苏联国内战争时期的英雄,在战斗中牺牲。作家富尔曼诺夫,德·安·(1891—1926)将其事迹写成小说《夏伯阳》,后来又被改编成同名电影《夏伯阳》,于1934年上映。

思想之上，把我们祖国的历史，以及卫国战争的历史，首先又是我们党的历史，真正系统地整理起来。

我们自己必须更多地去观看戏剧和电影。一句话，我们必须认真对待意识形态工作。我认为，这种紧迫的需要是生活向我们提出来的，是今天党面临的任务向我们提出来的。

我想，应当责成书记处拟定具体措施，并加以贯彻，必要的问题可提交中央政治局讨论。这要在近期内完成。所有成员，包括苏斯洛夫同志，以及基里连科同志和谢列平同志，都要参加进去，我就不谈杰米契夫同志要进行这件工作了。一句话，所有党中央书记，所有政治局委员，都要投入这项工作。

——《苏联历史档案选编》第 31 卷，沈志华执行总主编，社会科学文献出版社 2002 年版，第 114—132 页。

参考文献

《马克思恩格斯选集》,人民出版社1995年版。

《马克思恩格斯全集》,人民出版社1972年版。

《列宁全集》,人民出版社1986年版;《列宁全集》中文第二版,人民出版社2013年版。

《列宁选集》,人民出版社1995年版。

《斯大林选集》,人民出版社1979年版。

《斯大林文选》,人民出版社1962年版。

《斯大林全集》1—13卷,人民出版社1953年版。

《毛泽东选集》,人民出版社1991年版。

《毛泽东哲学批注集》,中央文献出版社1988年版。

《邓小平文选》,人民出版社1993年版。

习近平:《决胜全面建成小康社会 夺取新时代中国特色社会主义伟大胜利——在中国共产党第十九次全国代表大会上的报告(2017年10月18日)》,人民出版社2017年10月版。

《卢森堡文选》,人民出版社1990年版。

《布哈林文选》(上中下),人民出版社1981年版。

《联共(布)党史简明教程》,人民出版社1975年版。

《苏联共产党代表大会、代表会议和中央全会决议汇编》(第1—5分册),人民出版社1956—1964年版。

《苏联共产党第二十六次代表大会主要文件汇编》,生活·读书·新知三联书店1982年版。

《从斯大林到戈尔巴乔夫时代的文化与政权·1958—1964年的苏共中央意识形态委员会(文件汇编)》,2000年俄文版。

沈志华总主编:《苏联历史档案选编》(1—34卷),社会科学文献出版社2002年版。

曹长盛等:《苏联演变进程中的意识形态研究》,人民出版社2004年版。

陈之骅、吴恩远、马龙闪主编:《苏联兴亡史纲》,中国社会科学出版社2004年版。

郝宇青:《苏联政治生活中的非制度化现象研究》,华东师范大学出版社2008年版。

郝宇青等:《苏联国家与社会的关系研究》,华东师范大学出版社2014年版。

江平:《沉浮与枯荣 八十自述》,法律出版社2010年版。

李宗禹主编:《国外学者论斯大林模式》(下),中央编译出版社1995年版。

马龙闪:《苏联剧变的文化透视》,中国社会科学出版社2005年版。

闻一:《苏维埃文化现象随笔》,江西人民出版社2006年版。

许志民等:《苏共的失败及教训》,中共中央党校出版社1994年版。

赵永穆:《苏联共产党最后一个"反党"集团》,中国社会科学出版社1997年版。

周尚文等:《苏共执政模式研究》,上海人民出版社2010年版。

周尚文、叶书宗、王斯德:《苏联兴亡史》,上海人民出版社2002年版。

[苏]阿·阿夫托尔哈诺夫:《勃列日涅夫的力量和弱点》,新华出版社1981年版。

[俄]A. B. 布卢姆:《全面恐怖时代的苏联书报检查制度(1929—1953)》,圣彼得堡2000年版。

[俄]阿·尼·萨哈罗夫:《20世纪俄国史》,ACT出版社1996年版。

〔俄〕阿·舍普琴柯：《与莫斯科决裂》，世界知识出版社1986年版。

〔美〕艾德加·法伊格编：《地下经济学》，上海三联书店、上海人民出版社1994年版。

〔法〕安德烈·纪德：《从苏联归来》，辽宁教育出版社1999年版。

〔美〕安娜·路易斯·斯特朗：《斯大林时代》，世界知识出版社1979年版。

〔俄〕В. А. 利西奇金、Л. А. 谢列平：《第三次世界大战——信息心理战》，社会科学文献出版社2003年版。

〔俄〕鲍里斯·叶利钦《叶利钦自传》，东方出版社1991年版。

〔俄〕鲍里斯·叶利钦：《我的自述》，东方出版社1992年版。

〔英〕鲍桑葵：《关于国家的哲学理论》，商务印书馆1995年版。

〔波〕彼得·什托姆普卡：《信任——一种社会学理论》，中华书局2005年版。

〔苏〕《勃列日涅夫言论》第7集，上海人民出版社1975年版。

〔苏〕《勃列日涅夫言论》第12卷，上海译文出版社1979年版。

〔俄〕С. Ю. 维特：《俄国末代沙皇尼古拉二世》第2卷，新华出版社1983年版。

〔美〕丹尼尔·贝尔：《后工业社会的来临——对社会预测的一项探索》，新华出版社1997年版。

〔俄〕德·沃尔科戈诺夫：《斯大林》（中），世界知识出版社2001年版。

〔美〕D. P. 约翰逊：《社会学理论》，国家文化出版公司1988年版。

〔美〕大卫·科兹、弗雷德·威尔著：《来自上层的革命——苏联体制的终结》，中国人民大学出版社2008年版。

〔俄〕恩·弗列罗夫斯基：《俄国工人阶级状况》，商务印书馆1984年版。

〔英〕F. A. 哈耶克：《致命的自负——社会主义的谬误》，中国社会科学出版社2000年版。

〔俄〕弗·亚·克留奇科夫：《个人档案：1941—1994：苏联克格勃主席弗·亚·克留奇科夫狱中自述》，东方出版社2000年版。

［俄］格·阿·阿尔巴托夫：《苏联政治内幕：知情者的见证》，新华出版社1998年版。

［意］葛兰西：《狱中札记》，中国社会科学出版社2000年版。

［苏］H. A. 康斯坦丁诺夫等编：《苏联教育史》，商务印书馆1996年版。

［美］赫德里克·史密斯：《俄国人》，上海人民出版社1977年版。

［苏］赫鲁晓夫：《最后的遗言》，东方出版社1985年版。

［美］亨利·基辛格：《选择的必要——美国外交政策的前景》，商务印书馆1972年版。

［法］雷蒙·阿隆：《知识分子的鸦片》，译林出版社2005年版。

［俄］莉·沙图诺夫斯卡娅：《克里姆林宫内幕》，华夏出版社1989年版。

［美］罗伯特·A. 达尔：《现代政治分析》，上海译文出版社1987年版。

［俄］罗伊·麦德维杰夫：《论社会主义民主》，商务印书馆1982年版。

［俄］罗伊·麦德维杰夫：《论苏联的持不同政见者》，群众出版社1984年版。

［匈］卢卡奇：《历史与阶级意识》，商务印书馆1992年版。

［英］卡尔·波普尔：《二十世纪的教训》，广西师范大学出版社2004年版。

［美］卡尔·兰道尔：《欧洲社会主义思想与运动史》（下卷），商务印书馆1994年版。

［英］拉尔夫·密利本德：《马克思主义与政治学》，商务印书馆1984年版。

［英］拉斯基：《我们时代的难题》，商务印书馆2001年版。

［法］罗曼·罗兰：《莫斯科日记》，上海人民出版社1995年版。

［南］密洛凡·德热拉斯：《新阶级——对共产主义制度的分析》，世界知识出版社1963年版。

［俄］米·谢·戈尔巴乔夫：《改革与新思维》，新华出版社1987年版。

［俄］米·谢·戈尔巴乔夫：《"真相"与自白——戈尔巴乔夫回忆录》，社会科学文献出版社2002年版。

［俄］米·谢·戈尔巴乔夫：《对过去和未来的思考》，新华出版社2002

年版。

[美]默里·雅诺维奇、韦斯利·费希尔编:《苏联社会阶层的形成与变动》,上海人民出版社1976年版。

[法]莫里斯·迪韦尔热:《政治社会学》,华夏出版社1987年版。

[法]莫里斯·梅洛-庞蒂:《符号》,商务印书馆2003年版。

[英]莫舍·卢因:《苏联经济论战中的政治潜流——从布哈林到现代改革派》,中国对外翻译出版公司1983年版。

[英]默文·马修斯:《苏俄的阶级与社会》,商务印书馆1979年版。

[苏]尼·阿·奥斯特洛夫斯基:《钢铁是怎样炼成的》,时代文艺出版社1998年版。

[俄]尼·马斯洛夫:《斯大林主义意识形态的形成过程及其实质》,1990年俄文版。

[法]皮埃尔·阿考斯、[瑞士]皮埃尔·朗契尼克:《病夫治国》,新华出版社1981年版。

[意]萨尔沃·马斯泰罗内:《欧洲民主史》,社会科学文献出版社1998年版。

[美]塞缪尔·P.亨廷顿:《变化社会中的政治秩序》,生活·读书·新知三联书店1989年版。

[美]S.P.亨廷顿:《第三波——20世纪后期民主化浪潮》,上海三联书店1998年版。

[美]塞维林·比亚勒:《苏联的稳定与变迁》,新华出版社1984年版。

[苏]斯大林:《列宁主义问题》,莫斯科外国文书籍出版局1949年版。

[美]小杰克·F.马特洛克:《苏联解体亲历记》下卷,世界知识出版社1996年版。

[苏]《苏联"全民党"问题文摘》,生活·读书·新知三联书店1964年版。

[苏]《苏斯洛夫言论选》下册,上海人民出版社1976年版。

[美]S.M.李普塞特:《政治人——政治的社会基础》,上海人民出版社

1997年版。

[苏]《苏共论群众舆论宣传工具》修订2版，1987年俄文版。

[俄]索尔仁尼琴：《古拉格群岛》，群众出版社1996年版。

[俄]Г. B. 日尔科夫：《19—20世纪俄罗斯书报检查制度史》，2001年俄文版。

[苏]托洛茨基：《文学与革命》，外国文学出版社1992年版。

[美]悉尼·胡克：《理性、社会神话和民主》，上海人民出版社1965年版。

[俄]谢·卡拉-穆尔扎：《论意识操纵》，社会科学文献出版社2004年版。

[匈]雅诺什·科尔奈：《社会主义体制——共产主义政治经济学》，中央编译出版社2007年版。

[英]以赛亚·伯林：《苏联的心灵——共产主义时代的俄国文化》，译林出版社2010年版。

[美]约翰·巴伦：《克格勃——苏联秘密警察全貌》，辽宁人民出版社1985年版。

[美]约翰·里德：《震撼世界的十天》，人民出版社1980年版。

蔡勇春：《牢牢掌握意识形态工作领导权》，http：//theory.people.com.cn/n1/2017/1201/c40531-29679355.html。

陈飞：《苏共党内特权阶层对苏联解体的影响研究》，《中央民族大学硕士论文》2012年4月。

晨钟：《权力变质,脱离人民,是苏共崩溃的重要原因》，《真理的追求》1996年第11期。

程竹汝：《要从战略上重视实现中共意识形态领导权的几个条件》，《行政管理改革》2013年第11期。

程竹汝、郭燕来：《思想自由与政治伦理：意识形态领导权的几个问题》，《科学社会主义》（双月刊）2012年第2期。

郝宇青：《论苏共的意识形态合法性》，《社会科学研究》2005年第4期。

郝宇青：《苏联国家控制社会的手段论析》，《俄罗斯中亚东欧研究》2007年第 5 期。

郝宇青：《再论苏共执政合法性意识缺失的政治后果》，《俄罗斯研究》2008年第 1 期。

郝宇青：《苏联官场文化的表现形态探析》，《江西师范大学学报(哲学社会科学版)》2013 年第 5 期。

郝宇青、倪稼民：《论苏共执政合法性资源的再生产》，《俄罗斯中亚东欧研究》2006 年第 3 期。

郝宇青、时晓健：《勃列日涅夫时期苏联政治信任的状况考察》，《社会科学》2010 年第 12 期。

黄永鹏：《苏共意识形态教育的两面背离》，《思想政治教育研究》2010 年第6 期。

胡凯、杨竞雄：《苏联社会主义意识形态管理之失及其对我国的启示》，《南华大学学报(社会科学版)》2014 年第 4 期。

胡凯、杨竞雄：《习近平社会主义意识形态治理思想探析》，《思想政治教育研究》2014 年第 6 期。

黄宗良：《教条主义与苏联解体》，《国际政治研究》1993 年第 3 期。

姜长斌、马龙闪：《以科学社会主义观认识苏共意识形态的消亡》，《学习时报》2007 年 3 月 14 日。

蒋红：《对苏联解体的另一种探索与求证——〈来自上层的革命——苏联体制的终结〉读书心得》，《红旗文稿》2015 年第 8 期。

季正矩：《权贵阶层与苏共的腐败及其垮台》，《当代世界社会主义问题》2001 年第 4 期。

梁刚：《论网络时代的意识形态领导权问题》，《当代世界与社会主义(双月刊)》2012 年第 3 期。

李春隆：《关于勃列日涅夫时期的"官僚特权阶层"问题》，《东北亚论坛》2003 年第 4 期。

马龙闪：《苏联的书报检查制度及其对党和国家发展的影响》，《俄罗斯研究》2004 年第 3 期。

马龙闪:《苏共意识形态为什么会发生"一夜之变"》,《探索与争鸣》2007 年第 6 期。

阮青:《牢牢掌握意识形态工作领导权必须坚持四个统一》,《光明日报》2015 年 7 月 25 日。

王中宇:《苏联解体二十年祭》,《决策与信息》2010 年第 4 期。

习近平:《胸怀大局把握大势着眼大事 努力把宣传思想工作做得更好》,《人民日报》2013 年 8 月 21 日。

习近平:《在全国党校工作会议上的讲话》,《求是》2016 年第 9 期。

《意识形态话语权不能旁落 否则要犯无可挽回错误》,《求是》2013 年第 17 期。

郑异凡:《还原列宁、布哈林的共产革命思想——评列宁批注本〈过渡时期经济学〉》,《探索与争鸣》2017 年第 6 期。

周尚文:《意识形态堤坝的崩溃与苏联解体》,《华东师范大学学报(哲学社会科学版)》2009 年第 2 期。

周尚文:《史学的困顿——论"历史热"在苏联解体中的作用》,《上海行政学院学报》2005 年第 3 期。

周尚文:《苏共在党建中的疏失及其教训》,《毛泽东邓小平理论研究》2010 年第 5 期。

周尚文、郝宇青:《苏共执政合法性意识的缺失及其后果》,《聊城大学学报(社会科学版)》2006 年第 5 期。

[俄] A. B. 安尼金:《俄国革命理论中的宗教色彩成分——关于苏联意识形态形成的历史》,《祖国史》1995 年第 1 期。

[俄] 戈尔巴乔夫:《社会主义思想和革命性改革》,《真理报》1989 年 11 月 26 日。

[俄] 格·伏尔科夫:《复活·斯大林是怎样成为伟大哲学家的》,《苏维埃文化报》1988 年 6 月 7 日。

［苏］Л. 伊利切夫：《对社会发展进行领导的科学基础》，《共产党人》1962年第 16 期。

《苏共中央 1968 年四月全会决议》，《真理报》1968 年 4 月 11 日。

《马列主义的伟大力量》，《真理报》社论，1971 年 3 月 7 日。

［苏］若列斯·麦德维杰夫：《并非军备竞赛毁灭了苏联》，《当代世界社会主义问题》1999 年第 1 期。

Cf. Merle Fainsod., *How Russia Is Ruled*, Cambridge, Mass: Harvard University Press, 1953.

Rosa Luxemburg, *The Russia Revolution*, Michigan University Press, 1961.

Barghoorn, Frederich C. et al., *Politics in the USSR*, Boston: Little Brown and Company, 1986.

Cohen, Stephen F., *Rethinking the Soviet Experience: Politics and History since 1917*, New York: Oxford University Press, 1985.

Woodby, Sylvia et al., *Restructuring Soviet Ideology: Gorbachev's New Thinking*, Boulder: Westview Press, 1990.

后 记

本书系本人2019年国家哲学社会科学基金一般项目"微传播时代我国意识形态治理机制与策略研究"(项目编号:19BKS069)的阶段性成果。于2021年年初完成初稿,2022年3月定稿。周尚文教授、桑玉成教授、陈锡喜教授、齐卫平教授、孙力教授、郝宇青教授、程竹汝教授、官进胜教授、上官酒瑞教授、丁长艳副教授、时青昊副教授等在研究和写作过程中给予悉心指导和帮助;中共上海市委党校图书馆王宗润、朱静华、周秀芝等同志为研究提供了资料检索工作;本书顺利出版得到了上海社会科学院出版社领导和熊艳编辑的鼎力相助。成书期间,也得到了家人一如既往地支持和帮助,在此一并表示衷心感谢!欢迎学友和读者朋友多提宝贵意见和建议。

袁新华

2022年3月20日

图书在版编目(CIP)数据

苏共执政时期的意识形态工作机制研究 / 袁新华著. — 上海：上海社会科学院出版社，2023
ISBN 978 - 7 - 5520 - 4094 - 4

Ⅰ.①苏… Ⅱ.①袁… Ⅲ.①苏联共产党—社会意识形态—工作—研究 Ⅳ.①D351.26

中国国家版本馆 CIP 数据核字(2023)第 044431 号

苏共执政时期的意识形态工作机制研究

著　　　者：	袁新华
出 品 人：	佘　凌
责任编辑：	熊　艳
封面设计：	周清华
出版发行：	上海社会科学院出版社
	上海顺昌路 622 号　邮编 200025
	电话总机 021 - 63315947　销售热线 021 - 53063735
	http://www.sassp.cn　E-mail:sassp@sassp.cn
排　　版：	南京展望文化发展有限公司
印　　刷：	上海万卷印刷股份有限公司
开　　本：	710 毫米×1010 毫米　1/16
印　　张：	12.25
字　　数：	185 千
版　　次：	2023 年 4 月第 1 版　2023 年 4 月第 1 次印刷

ISBN 978 - 7 - 5520 - 4094 - 4/D·678　　　　定价：88.00 元

版权所有　翻印必究